新文科·特色创新课程系列教材

本书受上海市高水平地方高校（学科）建设项目资助

Security Education for College Students in the New Era

新时代大学生安全教育

主　编　阙天舒　危红波

副主编　姚志华　段洪涛

　　　　党东升　夏梦颖

参　编　马前广　罗昭升

　　　　汪　燕　周燕玲

　　　　王　杨　刘　楠

华东师范大学出版社
·上海·

介绍了国家安全、公共与社会安全、个人与校园安全、新技术时代的用网安全等安全教育体系知识,并通过案例解析,为大学生提供防范和应对各类安全事件的必备知识、安全培训、求生技巧和维权途径,提高大学生的风险意识、自我保护和应急处置能力,增强大学生的法治意识和法治思维能力。

本书坚持"立德树人、以生为本"的教学理念,具有编写人员专业、内容推陈出新、形式新颖活泼、体现法治特色等特点,且知识系统、案例真实、注重实操。因此,本书既可以作为普通高校、高职高专院校大学生安全教育课程的首选教材,也可以作为大学生自学自我保护知识的参考书,还可供高校教师、学生家长和高校管理者在日常生活和工作中参考。

本书由阙天舒和危红波担任主编,危红波统稿,姚志华、段洪涛、党东升、夏梦颖为副主编。

全书写作分工如下:

第一篇:阙天舒、党东升

第二篇:危红波、夏梦颖、汪燕

第三篇:姚志华、罗昭升、周燕玲、马前广

第四篇:段洪涛、王杨、刘楠

在本书的编写过程中,编者参阅了大量有关国家和教育部历年颁布实施的大学生安全教育相关法律法规、政策文件和管理规定,收集了大量具有实用价值的典型案例,并得到有关专家、学者和实务工作者的指导和支持,在此一并致谢!为方便教学,本书还同步提供了数字教材,读者可以从华东师范大学出版社芸简数智教材云平台(网址:http://ibook.ecnupress.com.cn)下载使用。

因编者水平有限,本书难免存在不足和疏漏之处,恳请同行和读者朋友们批评指正。

"国家安全战略与治理现代化"研究团队

2024 年 7 月

目　录

第四篇　新技术时代的用网安全

附录：宪法、法律法规和规范性文件

主要参考文献

第一篇

大学生与国家安全

第一章

总体国家安全观的认识和理解

　　国家安，则民族兴。国家安全是一个国家的生命线，也是一个民族的命运所系。随着全球化进程的加速与信息技术的飞速发展，国家安全的内涵与外延持续拓展，涵盖领域日益广泛，总体国家安全观应运而生，其以政治安全为根本，以人民安全为宗旨，整合经济、军事、文化等多领域安全，构建起全方位安全体系。作为祖国的未来和民族的希望，当代大学生肩负着重要历史使命，必须对我国的国家安全形势有较为深入的了解，准确把握总体国家安全观。高校作为为党育人、为国育才的重要阵地，是开展国家安全教育的重要场域。面向大学生开展国家安全教育，是高校思想政治教育的重要内容，更是时代发展的深刻要求。本章节聚焦大学生国家安全教育，将深入剖析总体国家安全观，详细阐述维护国家安全的原则、措施及教育的重要性，并佐以丰富案例，助力大学生深刻领会国家安全的核心要义，掌握维护国家安全的有效方法，积极投身于国家安全的守护行动，为国家的长治久安贡献青春力量。

第一节　总体国家安全观下的国家安全

一、安全知识面面观

（一）总体国家安全观的历史地位和具体内容

1. 总体国家安全观的历史地位

当前我国国家安全的内涵和外延比历史上任何时候都要丰富，时空领域比历史上任何时候都要宽广，内外因素比历史上任何时候都要复杂。这既是当代中国安全环境的深刻变化，也是习近平总书记提出新的总体国家安全观的时代背景。

总体国家安全观是我们党历史上第一个被确立为国家安全工作指导思想的重大战略思想，是中国共产党和中国人民捍卫国家主权、安全、发展利益百年奋斗实践经验和集体智慧的结晶，是马克思主义国家安全理论中国化的最新成果，是习近平新时代中国特色社会主义思想的重要组成部分，是新时代国家安全工作的根本遵循和行动指南。

2. 总体国家安全观的具体内容

总体国家安全观是以人民安全为宗旨，以政治安全为根本，以经济安全为基础，以军事、科技、文化、社会安全为保障，以促进国际安全为依托，维护各领域国家安全，构建国家安全体系，走中国特色国家安全道路。

在总体国家安全观的指导下，我国国家安全的维护既重视外部安全、又重视内部安全，既重视国土安全、又重视国民安全，既重视传统安全、又重视非传统安全，既重视发展问题、又重视安全问题，既重视自身安全、又重视共同安全，擘画了维护国家安全的整体布局。

（二）国家安全的定义与范畴

1. 国家安全的定义

安全是人的基本需求，是人类诞生以来个人的最大追求。"安"是指"安定"

"安康"，强调"无危为安"；"全"则强调"无损为全"。因此，"安全"是指没有危险和不受内外威胁的稳定状态。

与个人寻求安全相类似，国家也需要安全。自有国家诞生，尤其是民族国家形成以来，安全是国家最基本的属性，是一个国家发展的基本需求，可以说，国家安全是头等大事。按照 2015 年颁布的《中华人民共和国国家安全法》中给出的经典定义，"国家安全"是指"国家政权、主权、统一和领土完整、人民福祉、经济社会可持续发展和国家其他重大利益相对处于没有危险和不受内外威胁的状态，以及保障持续安全状态的能力"。

这一定义将传统国家安全的基本要素和非传统国家安全关注的对象进行了有机结合，既关注国家安全免于威胁的状态，也突出国家安全免于威胁的能力，准确地表达了国家安全的内涵意义，也成为新时代我们理解国家安全的指南和基本要求。

2. 国家安全的范畴

国家安全不是遥远的"谍战片"，它反映在国家和社会发展的方方面面，集合了很多领域的复杂系统，如制度、观念、环境、生存与生活等。国家安全是包含着诸多子系统的一个有机的开放系统，概括起来可以分为传统安全和非传统安全。

传统安全主要包括政治安全、国土安全和军事安全。传统安全主要关注国家与国家之间的安全互动或安全问题，侧重强调军事安全，将国家与国家之间的冲突看成是安全的主要威胁，因此强调军事安全和领土安全是安全问题的本质。

非传统安全包括资源安全、生态安全、核安全、科技安全、文化安全、社会安全等，还包括非国家行为体带来的安全威胁，比如恐怖主义、民族分裂主义、国际毒品问题、人口走私、气候变化、生态危机、能源危机、重大传染病的传播等。近些年，非传统安全在国际社会和民族国家间受到越来越多的关注。

除了传统安全与非传统安全领域，根据总体国家安全观，新时代国家安全还涉及新兴领域安全,如太空安全、深海安全、极地安全。另外,金融安全、粮食安全、能源安全、人工智能安全、数据安全等也日益引起广泛关注。

(三)维护国家安全的意义

1. 国家安全是维护国家生存与发展的基础条件

它直接关乎国家主权、领土完整及民众福祉,是实现国家长治久安的前提。在当前复杂的国际形势下,维护国家政治安全是首要任务,这确保了国家能够独立自主地制定政策和发展路径,不受外部干涉。经济安全作为国家安全的物质基础,对于促进国家繁荣、提高民众生活水平至关重要。此外,维护国家安全还包括资源安全、信息安全等非传统安全领域,是应对全球化挑战、保障国家竞争力的关键。

2. 维护国家安全是实现中华民族伟大复兴的坚强保障

国家安全工作以人民安全为核心,体现了以人民为中心的发展思想。确保人民生命财产安全,解决人民群众反映强烈的安全问题,是国家安全工作的直接目的。这不仅关乎个体的幸福感与安全感,更关乎社会稳定和谐与国家的长远发展。通过全方位提升守护群众平安的水平,有利于增强民众对政府的信任和支持,为国家的持续进步奠定了坚实的群众基础。

3. 维护国家安全是推动构建人类命运共同体的应有之义

在全球化背景下,各国安全相互关联,没有哪个国家能独善其身。中国在维护自身安全的同时,倡导共同、综合、合作、可持续的新安全观,积极参与全球安全治理,致力于推动国际安全合作,为应对跨国犯罪、恐怖主义、网络安全等全球性挑战贡献中国智慧和力量。

二、实例启智促安全

(一)实例描述

2022年9月,据官方通报,某大学网站被境外组织攻击事件系西方某国国家安全局所为。该局针对该大学的网络攻击,使用了 41 种不同的专属网络攻击武器,攻击链路多达 1100 余条,仅后门工具"狡诈异端犯"就有 14 款不同版本,窃取机密包括该校关键网络设备配置、网管数据、运维数据等核心技术数据。某国国家安全局其下属的特定入侵行动办公室在同年 4 月之前,已经对中国国内网络目标实施了上万次攻击,控制了数以万计的网络设备,并成功窃取超过 140GB(千兆字节)的高价值数据。

（二）实例分析

本事件是我国数据安全遭到威胁的典型案例。目前我国很多高校是从事航空、航天、航海工程教育和科学研究的重点大学,拥有大量国家顶级科研团队和高端人才,承担国家多个重点科研项目,地位十分特殊,网络安全尤为关键。由于这些高校所具有的特殊地位和从事的敏感科学研究,所以才成为此次网络攻击的针对性目标。

此次调查报告披露,某国国家安全局利用大量网络攻击武器,针对我国各行业龙头企业、政府、大学、医疗、科研等机构长期进行秘密黑客攻击活动。未来我国将全面开展数字化建设,很多重要业务都将由数据来驱动,数据一旦被偷窃或被破坏,必将给国家安全带来严重的风险。

此次事件告诉我们,具备网络攻击溯源技术与能力对于国家网络安全具有重大意义。一般而言,成功的网络攻击从侦察、情报搜集、定向研发并植入网络武器到最后的攻击,具备一条完整且持续的破坏性链条。因此,在后续的网络发展与建设中,应当加强技术研发与信息储备,为应对此类网络攻击做好防御准备。

三、思考与研讨

（1）国家安全包括哪些领域？这些安全领域之间的相互关系是什么？

（2）目前我国文化安全领域面临哪些具体的风险？请结合案例具体分析。

（3）各个国家安全领域互相影响、互相转换,往往"牵一发而动全身"。请你结合具体案例,分析网络安全和数据安全之间的联系。

第二节　维护国家安全的原则

一、安全知识面面观

维护国家安全工作的基本原则包括法治原则,尊重和保障人权原则,统筹兼顾原则,预防为主、标本兼治原则,专群结合原则,共同安全原则。

(一)法治原则

法治原则要求在国家安全工作中应当遵守宪法与法律的规定,依法维护国家安全,同时在维护国家安全的工作中重视运用法治思维和法治方式,发挥法治的引领和推动作用。这就要求我们在国家安全维护工作中首先要建立起以宪法、国家安全法为基本法的国家安全法律规范体系,在此基础上加强国家安全领域的执法与司法工作,进而增强全民国家安全法治观念,推进全民守法。

(二)尊重和保障人权原则

《中华人民共和国宪法》第 23 条规定:"国家尊重和保障人权。"尊重和保障人权是社会主义法治的基本原则,也必然成为国家安全维护工作应当遵守的基本原则之一。人权是人们应该享有的最基本的权利,具有优先保障的地位,通常包括生存权、平等权、安全权、发展权、社会保障权、接受教育权等内容。

(三)统筹兼顾原则

统筹兼顾原则要求在国家安全维护工作中要把握全局,统筹兼顾,协调好各方面的利益关系。国家安全工作应当统筹处理好五对关系:一要统筹安全与发展,坚持维护国家安全与经济社会发展相协调;二要统筹内部安全与外部安全,既要避免社会内部因素威胁到国家安全,又要防范外部安全环境中的不稳定因素对国家安全和发展的不良影响;三要统筹国土安全与国民安全,既要考虑国家领土主权的完整与统一,又要确保国民的安全和利益得到有效的保护;四要统筹传统安全与非传统安全,维护好各个领域的国家安全;五要统筹自身安全与共同安全,既要注重从国家本身角度出发考虑安全状态的实现,又要充分考虑各国在维护各自安全中的相互关系,努力维护共同安全。

（四）预防为主、标本兼治原则

所谓预防为主、标本兼治是指在国家安全维护工作中既要治理已经存在的问题,更要分析问题产生的原因与根源,从而阻止此类问题再次发生。这就需要在国家安全维护工作中及时发现影响国家安全的隐患,及时采取相应措施,并不断强化维护国家安全的能力。同时要更加注重国家安全风险预警、危害评估、应急预案等预防性工作的开展,而不是只把工作重点放在对已经发生的危害国家安全事件的应对与惩治上。

（五）专群结合原则

专群结合原则主要包括两个方面的内容:一是要坚持专门工作与群众路线相结合,指在维护国家安全工作中不仅要设立专门机构进行相关专业工作,还要坚持"一切为了群众,一切依靠群众""从群众中来,到群众中去"的群众路线。二是要坚持专门机关与有关部门相结合,以便充分发挥国家安全机关和其他有关机关维护国家安全的作用,形成维护国家安全的整体合力。

（六）共同安全原则

早在 2011 年《中国的和平发展》白皮书就指出,中国倡导互信、互利、平等、协作的新安全观,寻求实现共同安全、合作安全。在这一理念的指导下,我国始终积极追求共同安全,积极促进国际安全交流合作,力图以合作谋和平、以合作保安全、以合作化干戈、以合作促和谐,反对战争与对抗。同时,我国秉持积极有为的国际责任观,认真履行应尽的国际义务,从而促进共同安全的实现。

二、实例启智促安全

（一）实例描述

黑土地是一种非常适宜粮食作物生长的自然资源,数百年时间才能形成 1 厘米的黑土层,被誉为"耕地中的大熊猫"。正因"物以稀为贵",在一些人眼里,盗挖黑土成了一门一本万利的买卖。某年犯罪嫌疑人李某和王某就曾在黑龙江省尚志市盗采过泥炭土,逃窜到五常市后又勾结他人故伎重施。为了杜绝人为破坏黑土,维护国家粮食安全以及更好地保护有限的黑土资源,我国于 2022 年颁布实施了《中华人民共和国黑土地保护法》,明确要求保护黑龙江、吉林、辽宁和内蒙古四省区的黑色或者黑褐色有机质含量较高的土壤。但就在这项法律实施不到 7 个月,在短视频平台上,又出现了公然贩卖黑龙江五常黑土及草炭土的视频。

（二）实例分析

东北平原是我国著名的粮仓,以其独特肥沃的黑土地保障着全国的粮食安全。不法之徒破坏黑土的行为不仅损害了当地的生态平衡,还威胁着国家粮食安全,必须予以严惩与杜绝。

绿水青山与金山银山的和谐发展,才是城市可持续发展的内在核心价值。从产业的视角,生态治理不是简单的污染防治,而是以当地生态资源为媒介,统筹考虑区域内所有的"生命、生产、生活、生态"资源,按照空间划分,从经济、环境、社会问题的角度进行区域生态系统的综合治理和生态文明建设。

任何产业的发展都要立足在生态保护的基础上,但是光有生态,没有发展也不行,区域治理的生态化追求的是在当地生态特色的基础上向特色、高端产业结构跃迁。

三、思考与研讨

（1）国家安全工作中强调专群结合原则,请你结合具体案例,谈一谈人民群众在维护国家安全中可以发挥哪些作用。

（2）如何运用统筹兼顾原则，统筹发展与安全？

第三节　维护国家安全的措施

一、安全知识面面观

习近平总书记在党的二十大报告中对国家安全作出战略部署，明确未来五年国家安全的主要目标任务是"国家安全更为巩固，平安中国建设扎实推进"；明确到 2035 年，"社会保持长期稳定，国家安全体系和能力全面加强"。落实这一战略部署，全面践行总体国家安全观，需要我们做好以下工作：

（一）坚持系统思维健全国家安全体系

总体国家安全观的关键在于"总体"，要求在国家安全治理中，从整体出发，推动"各领域安全有序兼顾"，切忌"顾此失彼"，导致薄弱环节造成国家安全体系的整体效能下降；又忌平均使力，不分轻重缓急地"眉毛胡子一把抓"。这就要求我们一要完善国家安全工作机制，加强国家安全战略体系、政策体系、风险监测预警体系、国家应急管理体系的建设，加强国家安全全局规划与动态协调。二要完善国家安全力量布局，既要丰富维护国家安全工具箱，补齐缺项漏项，优先强化短板；又要协调好各部门、各领域资源分配，构建起全域联动、立体高效的国家安全防护体系。三要增强维护国家安全能力，国家安全机关和政府部门应当提高防范化解重大风险的能力，面对不断变化的安全环境，努力构建一个更加稳固、更具灵活性和适应性的国家安全防御体系。[1]

（二）统筹发展与安全

我们党一直高度重视发展和安全问题，党的十九届五中全会首次把统筹发

1　王明生.从传统安全观到总体国家安全观:中国安全观的演变、成就及世界议程[J].亚太安全与海洋研究，2024(03):36—54,133—134.

展和安全纳入"十四五"时期我国经济社会发展的指导思想,党的二十大报告首次提出"以新安全格局保障新发展格局"这一重大命题,强调国家的高质量发展需要高水平的安全保驾护航。统筹发展与安全,要坚持以总体国家安全观为思想指导,将发展与安全放在同等重要的位置,实现二者有机融合。一方面,通过深化改革,激发市场活力,促进经济稳定增长,为国家安全提供坚实的物质基础;另一方面,完善国家安全体系,加强风险防控,保障社会秩序稳定,为经济发展创造良好环境。

（三）提高公共安全治理水平

提高公共安全治理水平是一项系统工程,包括治理模式、治理领域、治理实践等方面。从治理模式看,要建立一个覆盖全面、响应迅速的大安全大应急框架,推动传统的事后应对公共安全治理模式向事前预防转型;从治理领域来看,要加大重点产业、重点领域的安全监管,降低非自然事故的发生率与防治率;从治理实践来看,一方面要加强大数据、人工智能等高科技在安全预警、抢险救灾中的运用,增强应对突发事件的处置保障能力;另一方面要加强公民公共安全意识,针对性地提升公民应急技能。

（四）完善社会治理体系

社会稳定可以有效化解社会风险,防止社会风险演变为政治风险,从而为维护和塑造国家安全奠定坚实的社会基础。完善社会治理体系重在防范化解民众重大纠纷、社会治安管理、基层政府治理等矛盾风险,确保矛盾风险不扩散不外溢、不升级不变异。打造共建共治共享的社会治理体系:一是要构建社会治理共同体,通过建立社区安全网络、各类志愿组织与团体、行业协会等,带动居民参与日常社区管理和突发事件应对;二是完善沟通协调机制,搭建多元化的沟通平台,如线上社区、热线电话等,方便民众及时反映日常生活中遇到的安全问题和矛盾纠纷,并定期召开由政府、社会组织、居民代表等参与的多方协商会议;三是配套建设考核激励与反馈机制,通过建立科学的群防群治工作绩效评价体系,定期评估社会治理效果,畅通反馈渠道,及时收集公众意见和建议,不断调整和优化政策。

二、实例启智促安全

（一）实例描述

在校大学生庄某通过聊天群找到一份兼职,根据要求,在某军港附近进行地图信息采集。庄某多次拍摄军事目标及附近街道店铺、路况等,将照片通过邮箱发送给对方。庄某还通过长焦镜头观测及租船出海抵近观察等方式,先后10次赴某海军舰队观察搜集信息。案发后,人民法院以为境外非法提供国家秘密罪判处庄某有期徒刑5年6个月,剥夺政治权利1年。

（二）实例分析

（1）军事重地分为"军事禁区"和"军事管理区"。前者是指设有重要军事设施的军事区域,后者是指设有较重要军事设施的军事区域。我国对军事重地进行严加防范,根据《中华人民共和国军事设施保护法》可知,进入军事禁区活动的人员、车辆、船舶和航空器,事先必须经过有关部门许可。公民未经许可擅自闯入军事禁区、未经许可进行拍照录像等行为均系违法行为。

（2）本案中庄某多次拍摄军事目标并将照片传送给国外的行为,严重危害了我国的军事安全,这也反映出当今不少大学生仍然缺乏国家安全意识,网络安全教育不足,对国家安全法律法规缺乏基本了解。

（3）对此,社会与高校应当进一步增强国家安全教育,提高大学生辨别和防范间谍活动的能力,明确合法兼职与非法行为的界限。此外,要加大对相关法律法规的宣传力度,使公众特别是青年学生认识到构成危害国家安全的违法行为种类,从而做到遵纪守法。

三、思考与研讨

（1）请结合"坚持系统思维健全国家安全体系"来回答,当前我国重点安全领域监管中存在哪些薄弱环节？如何构建"全域联动、立体高效"的防护体系？

（2）请你从多主体角度思考，如何防范化解社会风险，防止社会风险演变为政治风险。

第四节　大学生国家安全教育

一、安全知识面面观

（一）加强大学生国家安全教育的意义

当代大学生作为民族复兴伟大事业进程的参与者，是社会主义事业发展的生力军，是国家建设力量不可缺少的一部分。因此为大学生进行国家安全教育对促进大学生全面发展、普及国家安全教育、巩固国家安全防线具有重要意义。

1. 加强大学生国家安全教育是促进大学生全面发展的重要方式

青少年时期是价值观形成的关键阶段，通过国家安全教育，让青少年了解国家的历史、文化、成就以及国家在国际舞台上的地位和作用，有利于大学生树立正确的价值观和国家观念，增强国家认同感和自豪感。同时，国家安全教育还能激发大学生的爱国情怀和社会责任感，使他们在追求个人价值的同时，更加关注国家和社会的发展，实现个人与国家的共同成长。

2. 加强大学生国家安全教育是巩固国家安全防线的重要举措

大学生是国家未来发展的中坚力量，他们的思想观念和行为方式对国家安全有着深远影响。在当前复杂多变的国际形势下，敌对势力常常通过各种隐蔽手段对我国进行渗透和破坏，尤其是针对思想活跃、求知欲强的大学生群体。加强国家安全教育，能使大学生清晰认识到国家安全面临的潜在威胁，从而在日常生活和学习中保持高度警惕，自觉抵制各类有害思想的侵蚀，成为维护国家安全的坚固防线。

3. 加强大学生国家安全教育是推动国家人才培养战略的重要环节

国家的发展离不开高素质人才，而具备国家安全意识是新时代高素质人才的必备素养。加强大学生国家安全教育，有助于培养大学生的全局观念和战略思维，增强对国际形势和国家发展的理解，提升自身的综合素质。在面对复杂问题时，他们能够运用所学的国家安全知识进行分析和判断，培养独立思考和解决问题的能力。在专业学习中，他们能够从国家安全的高度出发，将专业知识与国家需求紧密结合，为国家在关键领域的发展贡献智慧和力量。

（二）加强新时代大学生国家安全教育的措施

1. 将国家安全教育融入教育教学体系

将国家安全教育内容纳入高校教学计划，并将国家安全教育全面融入各学科课程中，特别是在思想政治理论课程中强化国家安全教育，确保学生能够深入理解和准确把握总体国家安全观。

2. 增加国家安全学科建设和专业设置

国家应继续加强国家安全学的学科建设，将其列为独立学科大力发展，并鼓励各大高校积极开设国家安全相关专业，如国家安全战略、国家安全情报、网络空间安全等细分专业方向，构建从本科到研究生的多层次人才培养体系，为国家安全事业源源不断地输送具备专业素养和创新能力的专门人才。

3. 加强政策指导与资源配置

高校应当遵循教育部发布的《关于加强大中小学国家安全教育的实施意见》和《大中小学国家安全教育指导纲要》，为本校国家安全教育提供政策支持和资源配置。一方面，成立专门的国家安全教育工作领导小组，制定符合本校实际情况的国家安全教育实施方案；另一方面，加大对国家安全教育课程建设、师资队伍培养、教学设施设备购置等方面的投入，为国家安全教育的深入开展提供全方位的资源支持。

4. 举办国家安全知识竞赛和实践活动

高校可以带头组织形式多样的国家安全教育主题活动,如知识问答、观点辩论、国家安全素养展示活动等,通过实践增强学生对国家安全问题的认识和应对能力,提升大学生维护国家安全的责任感和能力。

(三)大学生维护国家安全的途径

1. 增强国家安全意识

第一,大学生要保持警惕,提高安全防范意识。大学生在日常生活和学习中要时刻保持对国家安全问题的敏感性,不随意在网络上发布涉及国家机密、敏感信息的内容,不轻易相信和传播未经证实的信息,避免因疏忽大意而泄露国家秘密或被别有用心的人利用。大学生在对外交往中,既要热情友好,又要内外有别、不卑不亢;既要珍惜个人友谊,又要牢记国家利益。警惕外国可能存在的策反行为和间谍活动。

第二,大学生要熟练掌握国家安全常识。维护国家安全是每个公民应当履行的义务,大学生在发现危害国家安全行为时,应当掌握以下举报途径:一是应当及时拨打国家安全机关 12339 举报受理电话;二是登录国家安全机关互联网受理平台网站(www.12339.gov.cn)进行举报;三是可以选择向国家安全机关投递信函,或到国家安全机关当面举报,以及通过其他国家机关或者举报人所在单位向国家安全机关举报等方式;四是可以借助社交媒体及网络平台,在国家安全机关所属的社交媒体账号下进行举报。2022 年 4 月 29 日起施行的《公民举报危害国家安全行为奖励办法》第六条规定:国家安全机关以及依法知情的其他组织和个人应当严格为举报人保密,未经举报人同意,不得以任何方式泄露举报人身份相关信息。因举报危害国家安全行为,举报人本人或者其近亲属的人身安全面临危险的,可以向国家安全机关请求予以保护。国家安全机关应当会同有关部门依法采取有效保护措施。国家安全机关认为有必要的,应当依职权及时、主动采取保护措施。

2. 规范自身行为

首先,大学生应当严格遵守国家的各项法律法规,不从事任何危害国家安全的行为,做到不参与非法集会、游行等非法政治活动、不传播有害国家团结和稳定的言论、不泄露国家机密、不与境外敌对势力勾结等。其次,大学生在参与网络活动时,应当主动维护网络安全,在网络环境中保持自律,不传播有害信息,不参与网络攻击、网络诈骗等违法活动。同时,要注意保护个人信息和国家信息安全,发现网络安全漏洞或可疑行为及时向相关部门报告。

3. 积极参与国家安全建设

大学生应当从日常小事做起,发扬主人翁精神,积极投身于国家安全建设。一是积极参与志愿服务和宣传活动。通过加入国家安全宣传志愿者队伍,积极参与国家安全社区宣传、校园活动等,向身边的人普及国家安全知识,提高全民的国家安全意识。二是为国家安全工作提供支持与协助。大学生如遇国家安全机关开展调查、收集证据等工作时,应当配合国家安全机关的工作,积极提供相关信息和线索,为维护国家安全贡献自己的力量。三是投身于国家安全相关领域工作。我国鼓励有志向、有才能、有品行的大学生积极报考与国家安全相关的公务员岗位,如国家安全机关、公安机关等部门的职位;或选择从事国防科技、信息安全、生物安全等关键领域的研究和工作,为国家的安全和发展提供技术支持和智力保障。

二、实例启智促安全

(一)实例描述

2023 年 6 月国家安全机关查获了一起自编自导"主动投案"的间谍案。举报人系某高校在读大学生,日常花销大手大脚,导致年纪轻轻就负债累累。为牟取经济利益、填补亏空,于是便产生了主动投靠境外间谍情报机关,搜集出卖国家秘密赚钱的想法。他借助某境外社交软件,与境外间谍情报机关建立联系,并在境外间谍情报机关人员蛊惑和指挥下,多次非法赴我军事禁区附近拍照,并向有关人员套取涉密信息,前后共收到间谍经费数万元。他深知自己的行为是危害国家安全的间谍行为,为了逃避法律制裁,通过反映虚假线索,自编自导了一场"主动投案"的戏码,被国家安全机关识破。

(二)实例分析

(1)《中华人民共和国反间谍法》规定,实施间谍行为,有自首或者立功表现的,可以从轻、减轻或者免除处罚;有重大立功表现的,给予奖励。《公民举报危害国家安全行为奖励办法》规定,对于恶意举报或者以举报为名制造事端,干扰国家安全机关工作的,依法予以处理;构成犯罪的,依法追究刑事责任。

(2)维护国家安全、捍卫国家利益是每个公民的责任和义务。肩负国家未来和希望的青年学子,更应牢固树立国家安全意识,一旦遭遇境外间谍情报机关拉拢策反,要第一时间向国家安全机关报告,主动保护自身,避免自毁前程。

(3)法网恢恢,疏而不漏。有关人员如果行差踏错实施了间谍行为,不可心存侥幸,更不可隐瞒事实真相,妄图逃避法律制裁。遇有相关情况,应及时自首或举报,并配合协助开展调查取证。

三、思考与研讨

(1)若学校想要开展一次国家安全教育主题活动,请你帮忙设计一个活动方案。

(2)若你在寻求网络兼职时发现,自己可能参与到了间谍活动中,此时你应该怎么办?

(3)新时代大学生是维护国家安全的参与者、贡献者,请你结合实际生活谈一谈大学生应该如何维护国家安全。

第二章

文化安全

党的二十大报告强调指出，要努力"推进文化自信自强，铸就社会主义文化新辉煌"。《中华人民共和国国家安全法》第二十三条规定，国家坚持社会主义先进文化前进方向，继承和弘扬中华民族优秀传统文化，培育和践行社会主义核心价值观，防范和抵制不良文化的影响，掌握意识形态领域主导权，增强文化整体实力和竞争力。在此背景下，加强高等院校的文化安全教育，提升大学生维护国家文化安全意识，不仅是促进大学生个人综合素质全面发展的关键一环，也是坚持贯彻总体国家安全观的必然要求，直接关系到国家文化产业、文化事业的繁荣兴盛，以及国家安全体系与能力现代化进程的推进。

在总体国家安全观指导下，文化安全成为国家安全不可或缺的重要方面。近年来，随着西方价值理念不断侵入、不良文化持续渗透，保护文化安全的任务已经迫在眉睫。大学生作为祖国的未来、民族的希望，继承和弘扬中华优秀传统文化，树立文化自信，培育和践行社会主义核心价值观，防范和抵制不良文化的影响已经是每个大学生责无旁贷的使命。本章通过剖析典型实例，旨在帮助大学生全面掌握文化安全相关知识，提升其分辨不良文化，学习社会主义先进文化的能力。这一举措将帮助大学生更好地传承中华优秀传统文化，增强文化自信。

第一节 赓续文化根脉

一、安全知识面面观

(一)文化继承困境

文化传统是指贯穿于民族和国家各个历史阶段的各类文化的核心精神,具体包括传统节日、传统风俗、传统习惯等。随着社会发展,文化传统继承面临着更加严峻挑战,而大学生作为社会新生代的一部分,他们在成长的过程中也面临着来自文化传统的继承困境。

首先,文化传统继承面临着传统文化与现代生活方式之间的冲突。随着社会的不断发展和变迁,文化传统的某些观念和价值观与现代社会的理念产生了分歧。[1] 比如,文化传统中注重孝道、礼仪、忠诚等价值观,与现代社会追求个性、自由、平等的理念产生了碰撞。在这种情况下,大学生群体往往面临着在文化传统和现代生活方式之间找到平衡点的挑战。

其次,大学生接触文化传统的机会有限,对于文化传统的理解停留在表面,缺乏深入挖掘和领会的意识,对传统文化缺乏文化自信,导致文化传统难以深入大学生群体。社会环境的变化也给文化传统继承带来了挑战。随着城市化进程的加速和信息化时代的到来,大学生生活的社会环境发生了巨大变化,社会价值观念和生活方式也随之而变。

在这样的背景下,文化传统往往被边缘化,大学生更容易受到外部环境的影响,忽视甚至抛弃文化传统,导致其传承受到阻碍。

(二)文化传承原则

1. 学以致用原则

要将所学的文化传统知识真正融入实践中,这意味着不仅要了解传统文化

---

[1] 黄力之.守正创新:文化传承理论在新时代的发展[J].华东师范大学学报(哲学社会科学版),2024(03):1—10.

的理论,还要将其广泛应用到实际日常生活中去,如遵循尊师重道、孝敬长辈、勤俭节约等文化传统美德。同时通过参与传统艺术表演、传统手工艺品制作等活动,将传统文化焕发出新的生机,使其得以传承下去。

2. 创新发展原则

在传承文化的过程中需要保持开放创新的心态,推动中华优秀文化传统创造性转化,创新性发展。传统文化的传承不应止步于故步自封,而是需要与当代社会的需求相结合。应该勇于借助新媒体平台创新传统文化的传承方式和形式,使之与时俱进,充满活力。

3. 融会贯通原则

树立开放的国际视野。传承文化传统的过程不应该是封闭的,而是需要融合中西方文化的优秀元素。在学习、生活中接触到不同民族文化传统时,要吸收和融合不同文化的精华,形成多元化、开放式的文化传承模式,使传统文化得以更好地传承和发展。

4. 文化自信原则

文化自信是一个国家、一个民族发展中最基本、最深沉、最持久的力量,要增强对自身民族和国家传统文化的认同感,自觉地接受传统文化的核心价值观和精神内涵,以文化自信原则为指引,建立起对传统文化的自信态度,以此为基础,不断推动传统文化在现代社会中的传承和发展。

(三)文化传承方法

中华优秀传统文化是民族瑰宝,大学生应肩负传承和弘扬之重任。通过学习、实践和创新,大学生能深入理解传统文化内涵,提升个人素质,推动社会和谐,增强文化自信。以下介绍多种文化传承方式。

1. 深入学习传统文化

通过课堂学习、阅读书籍、参加讲座等方式深入了解传统文化的内涵和历史,了解传统文化的起源、发展和影响,为文化传统继承做好充分的准备工作。

2. 积极参与文化活动

参与传统文化相关的活动可以增进对文化的理解和体验。如：参加传统音乐、舞蹈、戏剧等表演活动，或者参与传统手工艺品制作工作坊，亲身体验并学习传统技艺。

3. 广泛利用新媒体传播

利用互联网和社交媒体等新媒体平台发布传统文化相关的内容，如文章、视频、图片等，以吸引更多人的关注，促进传统文化的传承。

4. 实地参与保护和研究

参与传统文化的保护与研究工作，可以为文化的传承贡献力量。如：参与文物保护、民俗调查、学术研究等活动，为传统文化的传承与发展提供支持。

5. 创办传统文化社团

创办校内的传统文化社团，如中国书画社、戏曲表演团等，与志同道合的同学一起学习和练习传统艺术，亲身体验传统文化的魅力。

二、实例启智促安全

（一）实例描述

2023年，湖南某大学民艺与非物质文化遗产创新设计团队开发出多款纸影文化的创新产品，如微信表情包、立体书、文具、灯箱等，实现线上线下产品的融合。大学生可以在平板电脑上实现拼凑出纸影影偶还可以为影偶换服饰、背景让纸影影偶动起来。据报道，吴氏纸影戏传承人已经与该校签订合作协议，成立产学研合作基地，开发纸影戏衍生产品，包括纸影的文化产品设计、互联网的产品设计以及数字化产品设计。通过将传统文化带到数字化时代创新工作中的方式，让每一个人都能够去体验纸影文化并参与、传承纸影文化。

（二）实例分析

类似"电子纸影"这样的文化创新应该得到支持并推广，"电子纸影"推动文化传承形式的创造性转化和创新性发展，以"大学生＋文化传承人"模式使优秀历史文脉得以传承，保护文化传统安全。从案例中我们可以得到以下传承文化传统、保护文化安全的启示。

1. 创新意识与实践能力培养

该大学民艺与非物质文化遗产创新设计团队展现了学生在传承文化传统方面的创新意识和实践能力。在保护文化传统时，要积极培养创新意识，通过参与类似的跨学科创新项目，学习并掌握相关的技能，如数字化产品设计、互联网营销等，以实现对传统文化的传承与创新。

2. 数字化时代的传承与传播

通过将传统文化带入数字化时代，可以更好地传承和发展文化传统。"电子纸影"的创新产品不仅使传统文化更具吸引力和互动性，还为年轻一代提供了更便捷的学习和体验方式。要积极利用数字技术和新媒体手段，将传统文化传播至更广泛的受众中。

3. 产品多样性与创意发挥

纸影文化在多种产品形态下实现创新，如微信表情包、立体书、文具、灯箱等，成功"出圈"。正因其在传承文化传统时从不同的角度出发，发挥创意，创造出更多样化、富有创意的产品，吸引到广泛的受众。

4. 树立文化自信的重要性

该大学的纸影文化创新案例显示了对传统文化独特价值的深刻理解和坚定信念。文化自信不仅是对传统文化形式的自豪感，更是对其内在价值和意义的认可。在面对全球化和数字化挑战时，保持对自身文化的自信，能够激发创作者不断探索和创新，将传统文化以更具吸引力的形式展现给现代社会。

三、思考与研讨

（1）大学生在保护文化传统安全方面可以采取哪些措施？如何利用数字技术保护和传承传统文化？

（2）传统文化的保护需要跨学科的合作和社会参与。大学生如何与其他领域的专家和组织合作，共同推动传统文化的保护和传承？

第二节　筑牢文化自信

一、安全知识面面观

（一）文化自信的内涵

文化自信是一个民族、一个国家、一个政党对自身文化理想、文化价值的高度信心，对自身文化生命力、创造力的高度信心。它不仅是文化认同的体现，还包括对本土文化价值和文化发展方向的坚定信念。

1. 文化认同感

文化自信首先源自对自己文化的认同。这种认同不仅仅是对传统文化的感情依赖，更是对文化内在价值的深刻理解与认同。在现代社会中，文化认同的形成是多方面的，不仅涵盖了对民族历史、传统、语言、艺术、风俗等方面的认同，还包括对这些文化元素在当代社会生活中作用的认同，如传统文化现代价值的认同、中华语言文化纽带的认同、本民族风俗与社会习惯的认同等。

2. 文化自主性

文化自信强调文化的自主性，这意味着文化的发展不应受到外来压力或文化霸权的干扰。在现代社会中，许多传统文化面临着外来文化的冲击，但文化自信要求在外部影响下，保持自身文化的独立性与独特性。

3. 文化多样性

文化自信的重要体现在于文化能否"走出去"。这不仅仅展示了本民族的文化特色，还通过与其他文化的交流和碰撞，促进文化的共同繁荣。通过电影、文学、艺术等文化产品的输出，中国文化在世界舞台上逐渐崭露头角。从电影到书籍，从艺术展览到学术交流，越来越多的中国文化元素走向世界，成为全球文化交流的重要一环。例如,"中国年"在全球的庆祝,以及中国电影在世界影坛上的崛起,表明了中华文化对外部世界的开放态度。这种文化输出不仅能够增强中华文化在全球文化中的影响力,也能推动其他国家对中国文化的理解和认同。

(二) 文化自信的价值

1. 传承和弘扬文化

对中华优秀传统文化的自信有利于价值传承。文化的自信可以帮助大众更好地理解和接受中华优秀传统文化中所包含的价值观念、道德规范和人文精神,从而使他们在学习、生活和工作中树立正确的价值取向与行为准则。这种自信将有助于文化的继承和发扬,使中华优秀传统文化得到更多人的关注并被接受。

2. 促进社会和谐发展

对文化自信会促使个人承担更多的社会责任,从而更愿意参与到公益事业中。文化注重家庭观念、社区意识和社会责任,通过对文化的自信和传承,大众将更加关注社会公共利益,推动社会公平正义,促进社会和谐发展。同时,社会责任感和道德准则也会影响并引导其他社会群体形成一种良好的社会风气,推动社会更加和谐。

3. 树立正确价值观念与道德准则

中华优秀传统文化强调了尊重他人、孝敬父母、诚实守信等一系列价值观念和道德准则。通过对中华优秀传统文化的认同,能够更全面地了解及传承这些价值观念和道德准则。这样的自信有助于树立正确的价值观念,形成高尚的道德情操,并在日常生活和社会交往中塑造良好的行为习惯。对大学生而言,这些行为习惯在塑造他们的品格和人生价值观方面具有重要的作用。

4. 培养文化认同感和自尊心

对中华优秀传统文化深刻认同不仅能够传承和弘扬文化,还能够显著培养文化认同感和自尊心。这种自信不仅仅是对自身文化传统和价值观的自豪,更是对自身在全球文化多样性中独特贡献的认同。通过强化文化自信,个体和社会能够更坚定地捍卫并推广自己的文化身份,不断拓展文化影响力和国际竞争力。

二、实例启智促安全

(一)实例描述

2025 年中央广播电视总台跨年晚会《启航 2025》以"山河锦绣、国泰民安"为主题,通过实景演出、科技赋能和国际文化交流,展现了中华优秀传统文化的深厚底蕴与创新活力。晚会以五岳为轴心,将自然景观与人文艺术结合,呈现了民乐、戏曲、武术、非遗等传统元素,同时融入 AR/XR 虚拟现实技术、新能源汽车等现代科技内容,并邀请国际友人参与表演,彰显了文化自信。

(二)实例分析

《启航 2025》跨年晚会案例表明,文化自信的实现需要创新表达、科技赋能、国际视野和民生联结。通过融合传统与现代、本土与国际,文化自信不仅能增强民族凝聚力,提升文化归属感,还能在全球竞争中塑造独特的文化影响力。

1. 传统文化与现代审美的融合创新

晚会通过创意节目《直下看山河》《功夫梦》等,将民乐、武术、戏曲等传统艺术与跑酷、艺术体操等现代形式结合,赋予传统文化新的生命力。例如,长城上的"中国红"与非遗打铁花表演,既保留传统符号,又通过视觉冲击强化文化认同,以跨界融合(如非遗＋科技、传统＋潮流)的方式吸引年轻群体,实现文化"破圈"传播。

2. 文化自信的国际表达

文化自信的国际表达以多种形式呈现,如晚会邀请国际十二男高音演唱《月亮代表我的心》以及通过《热情的火花》等节目展现中西文化交融。我们应以国际语言讲述中国故事,通过影视、游戏、文创等载体,用全球受众熟悉的叙事方式传播中华优秀传统文化,筑牢文化自信。同时,也应鼓励民间团体和企业参与国际文化合作,增强文化亲和力,从而更有效地推动中国文化走向世界。

3. 民族凝聚力的赋能驱动

《平凡之路》《晒出你的幸福》等节目,通过讲述普通奋斗者的故事,强化了家国情怀,激发了观众的情感共鸣。在民间,"村 BA""村超"等乡村文化活动以本土特色凝聚社群,同样提升了民众的文化归属感。文化自信需要扎根于日常生活,通过接地气的活动(如乡村文体 IP)激发民众的参与感,以贴近生活的文化实践与教育体系的有机结合,推动文化自信的深入人心。

三、思考与研讨

(1)在社交媒体上,你可能会看到一些针对特定文化的歧视性言论或笑话。你会如何应对这种情况?作为大学生,你认为应该如何在社交媒体上彰显自信?

(2)在国际交流活动中,你可能会遇到来自其他国家或地区的学生。在交流过程中,你可能会发现某些文化习惯或行为与你的价值观不太一致,导致了一些摩擦和冲突。你会如何处理这种情况?你认为应该如何促进跨文化交流的顺利进行?

第三节　弘扬文化魅力

一、安全知识面面观

(一)文化"走出去"的途径

文化走向世界,不仅需要突破单向传播的桎梏,更需要构建"内容创新+技术赋能+产业协同+价值共鸣"的立体化传播体系,在全球化语境中实现文明的深层对话。大学生不仅是文化的传承者、创新者,同时也是推动文化"走出去"的"新生代使者"。以下是大学生推动中华优秀传统文化"走出去"的多元路径与实践探索。

1. 以创意表达激活文化基因

青年学子可以将校园文化进行全球化表达,如将传统文化融入校园生活:组织汉服社、书法社、茶艺社等社团活动,或通过拍摄短视频展示中国学生的文化日常,如"北大汉服毕业照"曾风靡网络,成为文化传播的亮点。

2. 跨学科融合的文化创新

在文化传播过程中,跨学科融合成为推动文化传播与发展的重要动力。不同学科背景的学生通过将传统文化与现代科技、设计相结合,能够创造出更具创意和现代感的文化产品。例如,设计专业学生可以将敦煌壁画元素融入现代服装设计,计算机专业学生可以开发"AR 京剧脸谱"小程序,文学专业学生可以用英文重述《西游记》故事等等。

3. 打造文化内容的"数字先锋"

在数字化时代,大学生可以通过社交平台,成为文化内容的"数字创作者",通过短视频、直播和图文等多样化形式,向全球观众展示传统文化的魅力。例如,学生们可以通过拍摄纪录片、短视频等,或利用富有创意和互动性的方式,诠释改革开放的时代精神。

4. 开发文化传播的高科技

借助最新的科技工具,能够将中华文化通过高科技形式呈现给全球观众,打造更加互动、沉浸的文化体验。例如,大学生可以通过 VR(Virtual Reality)技术对中国传统建筑进行数字化传播,对福建土楼、皖南古民居等建筑进行高精度 VR 建模,让外国同学从 VR 世界中体会到这些建筑中所遵循的"和谐"居住理念与邻里间践行的"互助"的价值观念。

(二)文化"走出去"的意义

文化"走出去",绝非简单的文化产品输出,而是一场跨越时空的文明对话与价值共振。它超越了"卖产品"的单一维度,转向以故事为载体的精神传递。正如用镜头将一坛辣酱的诞生编织成田园诗篇,让世界在辣椒的辛香中触摸中国农耕文明的温度——文化"走出去"的本质,是让青花瓷的釉色流淌出匠人精神的坚守,让太极拳的招式演绎天人合一的哲学。这种流动的文化长河,最终汇聚成人类命运共同体的精神纽带——用《论语》的"和而不同"消解文明的偏见,以"天下大同"的理想照亮全球治理的迷思。中华优秀传统文化"走出去",正将文明的独奏谱写成世界的交响。

1. 构建数字文化枢纽,赋能全球青年社群

大学生可以通过数字平台构建跨国文化社区。这种去中心化的传播模式打破了传统外宣的单向输出,形成文化互动的"社交货币",在海外青年群体中培育出可持续的文化共鸣圈层。这不仅为文化产业带来了新的发展机遇,还为中华文化注入新的活力,使其在全球范围内更具吸引力。

2. 践行青年文化外交,构建情感共同体

留学生们通过"一城一物"文化沙龙,用景德镇瓷泥让外国同学体验"指尖上的中国";国际志愿项目中,大学生用针灸、太极搭建健康交流桥梁。这种"小而美"的民间外交,在情感层面编织人类命运共同体的精神纽带。通过与世界多元文化的碰撞与交融,大学生不仅能更深刻地理解中华优秀传统文化的深厚底蕴,还能在对比中增强自身文化认同感和自信心。

3. 突破认知边界,重塑文化身份认同

中华文化"走出去"让大学生在全球化语境中重新发现"中国符号"的价值。当天宫空间站机械臂设计原理与《考工记》中的"材美工巧"思想对接引爆外网,大学生意识到传统文化并非陈旧遗产,而是可转化的现代文化资本。这种认知重构激发了大学生主动探寻文化根源,在数字原住民与文明传承者的双重身份中建立更深层文化自信。

4. 构建数字文化枢纽,传播中国精神内核

当代中华文化正站在文明传承与时代创新的交汇点上,肩负着破解现代困

境的历史使命。通过数字技术的"创造性转化"激活中华文化基因,传播当代中华文化精神,将抽象的社会主义核心价值观融入生动的中华文化场景,以独特的方式向全球观众传递,让世界更直观地感受中国文化所蕴含的价值魅力。

(三)大学生文化传播力的新路径

1. 培养独立思维观念

在大学生活中,培养独立思考能力是树立正确价值观的关键一步。这不仅意味着要具备分析和评估信息的能力,更重要的是能够从多个角度思考问题,形成独立的见解和判断。当面对社会上流行的观点或潮流时,不应随意盲从,而是应当深入思考其背后的道德、伦理和社会影响,并根据自己的价值观做出决策。

2. 增强文化辨识与文化批判能力

加强对不良价值观审视能力,对于不同类别、不同形态的价值观念产生警惕心理,同时提升对外来价值观、外来意识形态文化内容的批判能力。通过对不良价值观念的内容评价与分析,理清主流价值观、不良价值观发展脉络,从更为宏观的角度进行价值观内容的解读,从而避免陷入外来价值观陷阱。提升自身文化辨识与文化批判能力,并非隔绝于外来价值观的发展环境,而是要提升对外来价值观念、不良价值观念内容的思想认识,构筑起价值观念思想安全防线。

3. 树立并践行社会责任感

作为社会的一员,每个人有责任为社会的发展和进步作出贡献。这种责任感不仅仅是对个人行为的规范,更涉及对他人和社会环境的关注与关怀。通过参与志愿服务、支持社会公益活动或者关注公共事务,逐步培养出对社会的责任感,并通过实际行动体现出自己的社会参与意识。培养社会责任感,广泛参与社会实践,不仅可以提升个人的文化道德素养,也是对社会主义核心价值观的良好实践。

4. 努力学习中华优秀传统文化

中华优秀传统文化是中华民族在漫长历史长河中积淀的智慧结晶，是维系民族精神血脉的重要纽带。在全球化浪潮席卷世界的今天，重拾传统文化不是简单的复古，而是一场跨越时空的精神对话，是对民族精神密码的重新解读。学习中华优秀传统文化，要自觉培育和践行中华优秀传统文化，准确理解和把握其深刻内涵和实践要求，树立正确的世界观、人生观、价值观，在传统文化中汲取坚定前进、滋养身心的精神力量，坚定文化自觉与文化自信，成长为中华文化的"代言人""传承人"。

二、实例启智促安全

（一）实例描述

游戏《黑神话：悟空》是由中国团队开发的 3A 级动作角色扮演游戏，该游戏以《西游记》为背景，于 2024 年 8 月全球发售。游戏发售首月销量就突破 1 000 万套，销售额达 26 亿元，并一举获得"TGA 最佳动作游戏"奖项。游戏通过技术突破与传统文化深度融合，不仅赢得全球玩家的认可，更成为中国文化对外传播的"新名片"。

（二）实例分析

《黑神话：悟空》的成功标志着中国文化产业从"制造"到"智造"的转型。《黑神话：悟空》的成功说明了文化输出不应是符号堆砌，而需通过技术赋能、叙事创新与全球化传播策略，将文化精髓转化为可感知、可参与的体验。中国文化"走出去"需进一步挖掘"器物承载文化"的潜力，以高质量产品为载体，构建"硬实力支撑软实力"的良性循环。

1. 技术赋能文化创新

《黑神话：悟空》证明，利用虚拟现实、人工智能等技术对传统文化进行创造性转化（如将古建筑数字化重现），使得传统文化得以永久保存并焕发新生，这种方法既保留了原貌,又通过互动形式让更多人了解其价值,不仅提升了文化产品的吸引力和传播效率,也为传统文化的保护和传承提供了新的途径。

2. 以文化自信驱动创作自觉

《黑神话:悟空》制作团队对传统文化的深刻理解与自信态度是其获得成功的关键因素。制作团队在创作过程中并未盲目迎合西方审美,而是坚持东方美学风格,如《千里江山图》配色融入角色设计,既保留了传统韵味,又契合现代审美,证明了文化自信不等于守旧。

3. 重视受众差异与需求

《黑神话:悟空》作为中国游戏出海的代表作,在精心设计本土化策略外,还充分考虑了不同市场的需求和偏好。制作团队深入研究目标市场的文化特性,确保游戏内容既保留中国文化的独特魅力,又能被外国玩家理解和接受。例如,在翻译"龙""妖怪"等概念时,采用了"Loong""Guai"等异化翻译方法,避免了西方对这些概念的误解。

4. 拓宽多元化传播渠道

通过与品牌的联动,《黑神话:悟空》成功打破了传统游戏文化传播的界限,将中华优秀传统文化元素融入现代生活中的方方面面。例如,一些游戏合作的联名商品,不仅是品牌推广的手段,也让游戏玩家和消费者在日常生活中无形中接触到传统文化的独特魅力。这种跨界合作不仅限于产品本身,更通过品牌效应与文化内涵的传递,强化了中国文化在全球范围内的认同感。

三、思考与研讨

(1) 大学生在参与文化传播时,如何遵守相关法律法规,维护网络安全?

(2) 在校园中,有哪些方式可以弘扬并传播中华优秀传统文化?

第二篇

公共与社会安全

第一章
自然灾害

自然灾害是人类所依赖的自然界中所发生的异常现象,人类活动诱发的自然变异给人类生存带来危害时,即构成自然灾害。常见的自然灾害包括地震、台风、暴雨、洪水、内涝、雷电、泥石流、山体滑坡、龙卷风、冰雹、暴风雪、沙尘暴等。不同类型的自然灾害给人们造成的危害程度不同。自然灾害对高校师生生命财产安全造成严重威胁,《中华人民共和国突发事件应对法》对高校结合学校实际,制定应急预案,应对自然灾害作出了法律规定。当前,如何在面对自然灾害时,通过科学有效的预防和应对措施,加强高校应急管理体系建设,提升学生的应急自救意识、法治意识以及安全风险防范和自我保护的能力,有效保障师生生命、财产安全,减少损失,成为摆在当前高校面前的一道重要课题。

大学生如何防范自然灾害?本章选取暴雨、台风和地震三类与大学生密切相关的自然灾害,从安全知识、风险预防与应急处置方面提出应对策略,以增强学生的危机意识和提高自救、互救能力,切实保障广大学生的生命和财产安全。

第一节　暴雨类灾害

一、安全知识面面观

（一）暴雨的基本知识

暴雨是指降雨强度和降雨量都相当大的降水。暴雨来临前，气象部门会发布暴雨预警。预警分为四级，由弱到强，分别以蓝色、黄色、橙色、红色表示。气象部门规定，24小时降水量达50毫米及以上的降雨称为暴雨，24小时降水量达100毫米及以上的降雨称为大暴雨，24小时降水量达250毫米及以上的降雨称为特大暴雨。暴雨可引发城镇内涝，淹没农田村庄，特大暴雨或长时间的暴雨极易引起山洪暴发、江河泛滥，是诱发山体滑坡、泥石流等地质灾害的元凶，给人民群众的生命财产带来极大的危害。

（二）暴雨的风险预防

提前关闭门窗，在家门口放置挡水板、堆置沙袋等方式可防止屋内进水。屋内一旦进水，应立即关闭电源、煤气等设备。危旧房屋或低洼地势居住人员务必及时转移到安全地带，下雨不要在屋内停留，要迅速撤离，寻找安全坚固处所，避免落入水中，不要站在不牢固的临时建筑物旁。社区等基层组织第一时间组织危旧平房内的居民进行安全转移，居民应当听从有关部门的安排，有序撤离。

（三）暴雨的应急处置

1. 暴雨来临后的做法

暴雨期间尽量不外出，必须外出时，应避免在树下避雨，不要拿着金属物品或接打手机，以防雷击；应绕过积水严重地段，避免高压电线、变压站等电线集中经过路段，不要走地下通道，避免水位上涨遭遇危险；不要贸然涉水，警惕水坑、井盖。

暴雨中行车应打开雨雾灯，减速慢行，驾驶员遇到路面或立交桥下积水过深时应尽量绕行。若在低洼处熄火，千万不要在车上等候，应下车到高处等待救援。遇到大暴雨时，最好找遮蔽处避雨，并及时撤离到楼内，避险场所最好选择就近的高地、楼顶，如果来不及转移，不必惊慌，保持镇静，可向高处转移，等待救援人员营救。

2. 暴雨引发的次生灾害的应对

强降雨天气可能引发次生灾害，主要有山洪、泥石流、山体滑坡、城市内涝等。

（1）山洪暴发的应急处置。

当降雨太大，有可能受到洪水威胁时应有序地提前向山坡等高处转移。在山区突然遭遇山洪袭击时，要沉着冷静，以最快的速度撤离。脱离现场时，应该选择就近安全的路线沿山坡横向跑开，千万不要顺山坡往下或沿山谷出口往下游跑。山洪流速急、涨水快，不要选择游泳转移，以防被山洪冲走，还要注意防止山体滑坡、滚石、泥石流带来的伤害。被围困于基础较牢固的高岗、台地或坚固的住宅楼房时，应耐心固守，等待救援，或等待陡涨陡落的洪水消退后再撤离。如果被洪水围困于低洼处，情况危急时，可利用通讯工具向当地政府或防汛部门报告受困情况，寻求救援；无通信条件时，可来回挥动颜色鲜艳的衣物以呼救，让救援人员更容易发现。在条件允许的情况下也可利用船只、木排、门板、木床等漂流物，在水上转移。当发现高压线铁塔歪斜、电线低垂或者折断时要远离避险，防止触电。

（2）泥石流的应急处置。

提高警惕，密切关注天气预报和泥石流预警信息，提前做好防范工作。泥石流易发区上游区域的居民，如果发现了泥石流的来临征兆，应第一时间从高危区域撤离并及时通知相关部门和下游区域居民，以便他人及时撤离、避开灾祸。撤离时不要留恋财物，也不要自作主张，要听从指挥，迅速撤离危险区。在沟谷内逗留或活动时，一旦遭遇大雨、暴雨应迅速转移到安全的高地，不在低洼的谷底或陡峻的山坡下躲避、停留。当泥石流来袭时,不要慌乱,要向与泥石流方向垂直的两边山坡上面爬,且不要停留在凹坡处。

(3)山体滑坡的应急处置。

要朝垂直于滚石前进的方向跑,不要朝着滑坡方向跑;要听从统一安排,不要自择路线,更不要将避灾场地选择在滑坡的上坡或下坡;在确保安全的情况下离原居住处越近越好,交通、水、电越方便越好。当外部条件不利于立即撤离时,不要盲目逃跑。要躲避在结实的障碍物下,或蹲在地坎、地沟里;躲避时应注意保护好头部,可利用身边的衣物裹住头部。滑坡停止后,不要立刻回家检查情况。由于山体滑坡会连续发生,贸然回家可能遭遇第二次滑坡的危险。

(4)城市内涝的应急处置。

密切关注天气预报和暴雨内涝预警信息,预警发布后,尽量减少外出,外出要避开易涝积水危险点和危险区。雨天行车要谨慎,遇到积水点切勿抱着侥幸心理穿越,汽车内应备有破窗工具,以应对驾车误入较深积水处、无法打开车门的危险情形。不在易涝易积水区域逗留。城市发生暴雨内涝时,低洼社区、下凹式立交桥、地下交通设施等均为易涝易积水区域,强降雨天气期间应及时离开这些区域。无盖暴露的下水口及水中电线也易造成人员伤亡,人员和车辆应尽量避开这些危险的地方。

二、实例启智促安全

(一)实例描述

2024年3月某日凌晨,某省市因极端强对流天气,造成4人死亡,10余人受伤。对此,当地气象台发布预警。4月某日18时,中央气象台首次发布了自设立气象灾害预警标准以来强对流天气最高等级的预警:有9个省份有10级以上雷暴大风或冰雹天气。同日,某省市气象台更新了13年的历史纪录,在一小时内连续发布了冰雹、大风两条红色预警。这场大风雷电和强降雨天气使得多所当地高校受灾。某高校受此次强对流天气影响很大,狂风怒号,暴雨倾盆,夹杂着密集的冰雹,给这所学校造成了严重的破坏,学校的多处窗户玻璃破裂,学生宿舍楼里部分房间的窗户甚至被大风直接刮掉。在面对自然灾害时,该校展现出了高校应有的担当和责任意识,积极处置的应对经验得到了广大师生和社会各界的认可与赞扬,亦为其他高校提供了经验借鉴。

(二) 实例分析

1. 大学生应树立风险意识和法治意识

(1) 树立安全风险防范和自我保护意识。

高校大学生应当提高个人参与灾害类安全教育的主动性和积极性,不能将其视为一项任务,通过积极参加班会、主题讲座、社团活动等方式,及时、全面地获取自然灾害救助的常识性知识,提高安全意识。

(2) 提高法治意识。

法治意识是人们关于法的思想、观点、理论和心理情感的统称。大学生增强法治意识,应当树立法律权威的意识。《中华人民共和国突发事件应对法》《中华人民共和国高等教育法》《普通高等学校学生管理规定》都以国家法律法规的形式对大学生遵守学校应急管理制度,配合所属高校的安排以及采取应急处置措施提出了规范化和具体化的要求,协助维护社会秩序是大学生作为公民的义务和责任。大学生应当尊重法律的权威性,积极配合应急处置,禁止传播谣言,共同维护校园秩序的稳定。在上述案例中,学生具备较高的法治素养和法治意识,服从学校的指挥和安排,积极配合采取应急处置措施,例如根据学校的通知不擅自离开宿舍,做好安全防范措施,学生通过官方渠道获取自然灾害相关监测、预报的权威信息,从而避免了生成、散布网络谣言的情况以及恐慌情绪的蔓延,维护了校园秩序的稳定。

2. 提高大学生自救、互救能力

(1) 提高校园应急预案的针对性。

学校应当提高校园应急预案的针对性,预案应结合高校实际情况,大学生的应急演练才能具体,从而提升高校应急管理、教育的实效性。案例中暴雨灾

害给该高校带来了较为严重的破坏,导致教室的玻璃在狂风暴雨中受损,部分围墙出现了倒塌的情况。然而,由于学校的高度重视,在事前就提前针对强对流天气的性质和危害程度,进行了具体而有针对性的应急预案的宣传和演练,当学生遭遇恶劣天气时,学校能够迅速启动应急响应机制,通知各相关部门和人员到岗,展开紧急抢修工作,及时通知学生,学生能够快速反应,积极应对,有序转移至安全的地方,从而避免校园内人员的伤亡。

（2）高校应当持续开展应急教育与培训。

实施预案模拟演练十分必要,大学生通过高校常态化的应急演练、设置的应急培训、应急避险教育相关课程,持续地接受应急知识教育,获取丰富的应急知识,从而真正提升自救互救能力。根据中国新闻网的报道,2024年已是该高校连续第十年获评"全省平安建设先进单位"。学校始终把校园安全管理工作摆在重要位置,不断加强和改进校园平安建设各项工作,有效提升了学生的安全意识和自救技能。这成为该校能够有效应对此次自然灾害突发事件的重要因素之一。由此可见,高校应当常态化地开展应急知识的教育与培训,持续提升大学生自救和互救能力。

3. 构建自组织体系,提高应对自然灾害的协同治理能力

当今各类自然灾害以高度复合化和叠加化的形式侵害人们的正常生活,在应对多发、重大的自然灾害中,数不胜数的实例说明仅仅依靠政府的力量去抗灾救灾是远远不够的。[1] 也就是说,应急管理不仅是政府、高校的事情,大学生群体亦是关键主体。因此,构建自组织体系,有助于提高协同治理能力。

（1）培养应急管理的主体意识,畅通信息传送渠道。

自组织体系的关键是培养应急管理的主体意识,畅通信息传送渠道。在此次事件中,该高校因极端天气,在学校已经做了应急预案的情况下仍然部分区域受灾,一些窗户玻璃破碎,极大地考验了学校的应急管理能力。案例中高校的学生发现安全隐患之后,及时上报辅导员,辅导员作为高校基层治理的重要

---

1 王芳.危机传播经典案例透析[M].北京:中国社会科学出版社,2010.

节点,汇总报送至学校值班的教师干部,或联动学校其他职能部门,保障了学校管理部门第一时间获取险情,畅通了信息渠道。因此,学校能够迅速填补安全漏洞,排查安全隐患,有序开展应急处置工作,有效提高了学校的应急响应和处置能力。

(2)拓展自组织的主体力量。

积极发挥学生中的青年志愿者,班干部群体的作用,对焦虑的同学进行心理干预和心理援助。在信息技术高度发达的社会,任何极端天气所引发的灾害都不再是单一的气候和自然灾害问题,社会情绪的传播速度异常迅速,具有"社会放大效应",通过同学之间的沟通与交流,相互的鼓励与协助有利于同学们以更积极的心态面对自然灾害,确保情绪和心理的稳定,形成全校上下团结合作、共同应对的整体合力,为学校应急管理决策部署和有效施行创造良好的环境。或是通过青年志愿者与社会组织进行联动,从而获得物资、财力等各方面的保障。上述案例中,高校积极寻求社会各界的帮助,通过获取社会资源包括物资、人力方面的支持,动员各种力量加入自然灾害风险治理过程,实现了治理合力,增强了应对自然灾害的协同治理能力。

三、思考与研讨

(1)当所在学校遭遇暴雨,我们应当提前了解哪些暴雨避险常识?

(2)若长时期暴雨引发了校园洪涝灾害,我们应当如何积极应对?

(3)高校应当如何积极引导学生开展暴雨事件的应急教育与培训?

第二节 台风类灾害

一、安全知识面面观

(一)台风的基本知识

台风是指生成于热带或副热带洋面上、具有天气尺度(水平直径1 000—

3 000千米)的猛烈的涡旋。在我国,台风主要发生在夏秋季节,最早发生在四月,最迟发生在十二月。在气象上,一般把台风划入热带气旋的范畴。热带气旋是指生成于热带或副热带洋面上,是有组织的对流和确定的气旋性环流的非锋面性涡旋的统称,包括热带低压、热带风暴、强热带风暴、台风、强台风和超强台风。

(二)台风的风险预防

(1)随时关注天气预报,留意台风的走向。及时收听(看)气象台站发布的最新台风信息,了解台风的动态以及台风的影响情况。

(2)注意防范高空坠物。空调外挂悬空、太阳能热水器、高空设施要进行加固,并将露于阳台、窗外的花盆等物品移入室内。

(3)固定门窗。特别对铝合金门窗应当采取防护,收起屋内外的各种悬挂,关闭门窗,必要时加钉木板。如遇玻璃松动或有裂缝,请在玻璃上贴上胶条,以免吹碎后,碎片四散。不要在玻璃门、玻璃窗附近逗留。

(4)做好相关物资准备。准备逃生应急物品,提前做好防淹防水工作,准备手电、蜡烛,储存饮水,以防断电停水;多准备食物蔬菜,如果家中有病患,还要准备好必需的药品。

(5)检查电路、煤气等设施是否安全。

(6)非必要时不要外出,停止各种露天集体活动和室内大型集会。

(7)不要去台风经过的地区旅游,更不要于台风期间在强风影响区域开车,到海滩游泳或驾船出海;已出海船舶要及时回港、固锚、船上人员必须上岸避风。易发生崩塌、滑坡、泥石流等地质灾害的山区陡坡、矿山岩石、坡脚沟口等危险地段的人员必须提前撤离到安全地带。

(三)台风的应急处置

1. 当台风到来时,应当避免在危险地带逗留

台风来袭时,切勿在玻璃门窗、危棚简屋、临时工棚附近以及广告牌、霓虹

灯等高空建筑物下逗留，以免被砸、被压。尽量避免在靠河、湖、海的路堤和桥上行走，以免被大风吹倒或吹落水中。大风易刮断高压线，当发现电线断头下垂时，由于地面积水会导电，要迅速远避，切忌涉水而过以防触电伤人，应当采取合理的方式切断电源，及时联系电力公司抢修。

2. 台风过境后的应急处置措施

（1）不要乱接断落电线。台风过后路上常常看见刮落电线，应当与电线断落点保持足够的安全距离并及时向电力部门报告。在没有十足的安全把握前，不要随意检测煤气电路等，以防不测。

（2）及时清运垃圾。台风过后家里的饮用水如受到污染要进行消毒，做好居住环境的打扫工作，被淹或者被雨水浸渍的地方清洗时应喷洒些消毒药水。经过台风后街道两旁到处都是落叶淤泥、生活垃圾，很容易滋生各种疫病，因而，应当及时对垃圾进行清理。

（3）不要急着回家或盲目开车进山。台风过后有些地方会存在山体滑坡、泥石流、河岸崩塌等地质灾害隐患，所以被撤离的人员不要急着回家查看受灾情况，最好等居住地宣布安全后，再按照相关部门的安排返回家园。更不要盲目开车进山，因经过暴雨的冲刷，山区山石塌方、路基被毁等灾害的发生几率增加，进山风险增大。

（4）不要购买可疑食物。台风过后购买蔬菜和瓜果之前要认真挑选，清洗时用清水浸泡半小时以上，瓜果要削皮后再吃。切勿购买来历不明的食品。

二、实例启智促安全

（一）实例描述

2021年7月，第6号台风"烟花"（强台风级）中心出现在距离舟山东南方向大约690公里的洋面上，近中心最大风力14级，可能在浙江中北部一带沿海登陆。为应对台风影响，浙江某大学紧急开展了一系列工作部署，加强对师生的教育和管理，做好服务和保障，确保全校师生共同平安度过此次台风天气。学校先后两次发布台风防御工作通知,逐步加强防御工作,并启动了防台值班制度。学校基建后勤等部门全面检查假期的校园维修项目、加固防护设施、排干校内水系、检查排涝设施、拆除校内临时广告牌、储备临时应急物资。学生管理部门开展了防台安全教育,加强学生信息沟通,明确台风影响期间的学生纪律,保卫部门严格出入校园管理。

(二)实例分析

1. 做好安全教育,提高师生防灾避险意识和能力

高校应当坚决杜绝麻痹思想和侥幸心理,要重视台风带来的消极影响和严重危害,坚持师生生命至上,保持敬畏之心,严阵以待,全面做好防台防汛、抢险救灾的各项准备工作。学校应严守职责,压紧压实责任,强化实时监测、预警、会商研判,统筹做好应急保障物资储备、防汛抢险救援队伍组织、风险隐患排查整治等各项工作,全方位做好抢险救灾应急准备,增强防洪排涝能力。尤其是学校相关部门应当做好安全教育,利用多种渠道滚动宣传、预警提示。例如,通过微信群、电子显示屏等方式向师生转发传达相关文件要求,普及防范台风知识,加强防台防汛、防地质灾害等安全知识的宣传,实现防台风安全教育全覆盖,进而提高师生防灾避险的意识和能力。

2. 以防为主,加强安全隐患排查

安全是学校发展的前提,师生安全更是重中之重。而防台防汛,以防为主,重在预防。对此,学校应当加强安全隐患排查,不仅有助于尽早发现和消除校园的安全隐患,有效预防校园安全事故的发生,而且有利于提升学校的安全应急能力和安全管理工作水平,扎实筑牢校园安全防线。学校相关部门通过巡查方式,对教学楼、实验楼、宿舍、各功能室以及校园围墙、线路、下水道、墙体上的悬挂物等存在的安全隐患进行"拉网式"排查,并及时反馈给相关部门,督促相关部门立即进行整改,有效确保校园安全。

3. 落实应急值守等各项制度,快速决策、高效处置突发意外情况

(1)学校在台风影响期间应当加强应急值守,落实领导带班和 24 小时值

班制度;发生重大险情要迅速向上级及当地党委政府报告寻求支持;要加强巡查和预警,及时发现和科学处置各类突发情况。

(2)保障信息渠道畅通,确保各级防汛指令第一时间及时、准确落实到位。

(3)加强应急队伍建设,建立由带班领导、教职工骨干、保安、物业管理人员等组成的精干的应急队伍,强化技能培训,开展应急演练,提高实战应对能力,确保快速决策、高效地处置险情。

(4)促进家校沟通,通过各种方式告知家长和学生在台风预警期内暂停外出参加各类活动,在台风影响期间尽可能待在安全的室内,减少不必要的外出,更不要涉水外出,不到河塘临水区域,不到地势低洼处活动,防止发生溺水等安全事故。

(5)做好学生防雷电教育,提醒学生不靠近路边电线杆和户外供电设备,注意不在积水路面骑车、行走,防止下水道井盖丢失造成溺水。

三、思考与研讨

(1)在台风来临前需要做哪些准备?
(2)台风过境后应当如何避险?

第三节 地震类灾害

一、安全知识面面观

(一)地震与地震避险的基本知识

1. 地震的基本知识

地震,又称地动,是地壳快速释放能量过程中造成的振动,其间会产生地震波的一种自然现象。地球上板块与板块之间相互挤压碰撞,造成板块边沿及板块内部产生错动和破裂,是引起地震的主要原因。地震开始发生的地点称为震源,震源正上方的地面称为震中。破坏性地震的地面振动最烈处称为极震区,极震区往往也就是震中所在的地区。地震常常造成严重人员伤亡，能引起火灾、水灾、有毒气体泄漏、细菌及放射性物质扩散，还可能引发海啸、滑坡、崩塌、地裂缝等次生灾害。"地震会产生纵波和横波。纵波运动速度最快，传播速度为每秒钟 8—9 千米，最先到达地面。在震中区，纵波使人感到的是上、下颠簸，造成的破坏性很大，是给人们地震发生了的信号。横波的运动速度比纵波慢，通常平均每秒钟 4—5 千米，是继纵波后到达地表的破坏性极大的波。它使人感觉到的是前后左右的摇晃以及建筑物等的倒塌。"[1] 我国对地震灾害规定了特别重大、重大、较大、一般四级。不同的地震级别由不同部门指导地震应急工作。

2. 地震避险的基本知识

（1）当我们遇到地震，抓住时机，紧急避险。地震发生时，有最多三十几秒的时间可以避险，应当尽量抓住这段时间，紧急避震。

（2）保持镇定，保存体力。如果不得已需留在原地等待救援时，不可盲目呼救、哭喊、急躁和盲目行动，要尽量减少体力消耗，尽可能稳定自己的情绪，或闭目休息保存体力，等待救援人员的到来。

（3）制造声响，寻求救援。当听到外面有人施救时，要利用一切办法与外面救援人员联系，如敲击器物、吹哨子等。

（4）增强信心，自救互救。如果受伤，用简易的办法包扎好伤口，以免失血过多，造成昏迷。如果被埋压在废墟之下，要在可活动空间内寻找食物和水，并节约使用，迫不得已时，可饮尿求生，以延续生命，等待救援。若几个人同时被压埋时，要互相鼓励，通过相互之间的心理支持，增强彼此的信心。

（二）地震的风险预防与应急处置

1. 地震的风险预防

平时学习地震知识，掌握基本医疗急救知识，备好地震应急物品。震前的

---

1 王晔,翁琛闳,张婷婷. 大学生安全教育[M]. 北京:电子工业出版社,2023.

准备措施包括收到地震预报通知后,应当确定疏散路线和避震地点,尽快有序撤离。如在家中,妥善保管易燃易爆物品,将房屋设施安置好,做好避震准备。

2. 地震的应急处置

从地震发生到房屋倒塌,来不及跑时可迅速躲到坚固的墙体下,塌下来时墙体可以承受住形成空间的地方,并用毛巾或衣物捂住口鼻,以隔挡呛人的灰尘。正在用火时,应立即随手关掉煤气开关或电开关,然后迅速躲避。

在楼房里时,应迅速远离外墙及其门窗,可选择厨房、浴室、厕所、楼梯间等空间小而不易塌落的空间避震,千万不要外逃或从楼上跳下,也不能使用电梯。在户外要避开高大建筑物,要远离高压线及石化、化学、煤气等有毒的工厂或设施。

如果震后不幸被废墟埋压,要尽量保持冷静,树立生存的信心,要相信一定会有人来援救。震后,余震还会不断发生,环境可能会再次恶化,要尽量改善自己所处的环境,设法脱险。不同场所遭遇地震的应急处置措施如下:

(1)在学校。一切行动听从指挥,同学之间要互相照顾,有序撤离,千万不要拥挤,避免引发踩踏等次生灾害。在学校教室内遇到地震,应当蹲下或坐下,头部躲进课桌下、讲台旁,绝不要乱跑。尽量蜷曲身体,降低身体重心。抓住桌腿等牢固的物体。保护头颈、眼睛、掩住口鼻。地震停止后,应当马上在老师的指挥下有顺序地撤离,前后同学要保持一定距离。特别在教室门口、楼梯间等狭促地方,一定要放慢速度,发现有摔倒的同学要相互帮助,并及时通知后面的同学以免发生拥挤。跑到室外后,要躲在尽量空旷开阔以及周围和头顶没有易掉落物的地方。如果在操场或室外时,可原地不动蹲下,双手保护头部,注意避开高大建筑物或危险物,千万不要因忘拿某些东西返回教室。

(2)在家中。避震时,要根据地震时你所处的位置,就近躲避,震动停止后再撤到安全地方。要躲在结实、不易倾倒、能掩护身体的物体下或它的旁边,如桌、床等,也可以赶快跑到开间较小、有支撑的房间去,如厨房、卫生间等。如果来得及,要先打开门,以保证通道畅通;关闭煤气开关、电闸。在避震时,要趴下,使身体重心降到最低,脸朝下,不要压住口鼻,同时抓住身边牢固的物体,也可以蹲下或坐下,尽量把身体蜷曲起来。要注意保护头部和颈部,用手护住头部和后颈,在条件允许的情况下,可以用身边的物品顶在头上,闭上眼睛,防止异物伤害。

（3）在公共场所。地震发生后,如果附近有应急避难场所,要在引导下快速赶赴避难场所。地震应急避难场所一般依托公园、绿地、操场、广场建设,这些场所具备突发应急事件应急的基本功能。比如,应急指挥、应急物资发放、应急棚舍、应急厕所等。听从工作人员指挥,不要急于涌向出口,保持跟前面人的距离;如果遇到拥挤,解开领扣,双手交叉胸前,护住胸口。在公共场所遭遇地震后,还要注意以下几个问题:不要急于涌向楼梯口,容易造成踩踏事故;逃生时不要乘坐电梯;不要随便点明火,因为空气中可能有易燃易爆气体;不要急于打电话,以免线路拥挤,影响救灾指挥通信。

二、实例启智促安全

（一）实例描述

2023 年 12 月,甘肃某县发生 6.2 级地震,震源深度 10 公里。党中央和国务院高度重视,各方救援力量紧急驰援,排查搜救、伤员救治、转移安置、灾情核实、基础设施抢修等抗震救灾各项工作迅速展开。地震无情,校园有爱,一方有难,八方支援。甘肃某大学时刻牵挂着每一位学子家庭受灾情况,学校及时召开震后工作协调会,通过加强值班值守开展公寓安全、隐患二次排查、心理健康排查、关爱救助、家校联系、网络思政等重点工作,想学生之所想,忧学生之所忧,用精细化工作和温情陪伴让学生切实感受到学校的温暖与关爱,帮助学生平稳度过灾后恢复阶段。学校第一时间启动紧急临时困难帮扶通道,设立临时困难补助专项经费,首批临时困难救助金 16.8 万元已完成发放,后续学校还要为灾区学生提供寒假路费资助,单设勤工助学岗位等关爱措施。

（二）实例分析

1. 学生应当主动、全面地了解情况，积极配合学校的行动

学生应当第一时间了解地震等突发性安全事件的来龙去脉、灾害的影响因素、危害等级等基本情况。同时，积极关注官方机构对地震的通报情况，及时、全面、充分地掌握关键信息，做到心中有数，主动担当，勇敢面对突发性灾害事件，积极配合政府、学校相关部门，迅速进行安全转移。

2. 学校应当提供情感支持，缓解学生群体的心理恐慌

地震灾害易造成学生的心理恐慌与焦虑，如果处理不当很可能引发二次伤害，因此，做好学生的心理疏导，帮助学生保持沉着冷静的心态十分必要。学校应当组织专业人员和学生面对面交流，安抚学生情绪，同时还应关注学生本人因家人受伤而形成的心理压力，做细做实心理健康排查和安抚工作，真正温暖学生心灵。学生如若存在心理焦虑，也应当及时寻求校方的心理疏导。

上述案例中的高校为减缓地震灾害给学生群体带来的情绪恐慌，高度重视学生心理健康，第一时间启动紧急临时困难帮扶通道，设置灾区学生心理援助服务站，开通 24 小时援助热线，16 名专业心理咨询师全天候提供心理咨询服务。同时，学校还下发了《关于开展受地震影响学生心理健康教育工作的通知》，开展"三个一"活动，即对受影响学生开展一次宿舍走访、一次家校联系、一次慰问关怀，在解"经济之困"的同时，缓解了学生"心理之困"，有效舒缓了学生的心理压力，增强了学生应对灾害的信心。

3. 加强引导，普及突发灾害事件的安全常识

学生应当学会预防和处理地震事件的常识，学习应对突发自然灾害的方法和技巧。对此，学校应当加强安全常识的普及与教育。上述地震事件虽然具有突发性，但这亦是对当前高校日常突发灾害安全教育培训效果的一次检验和验收，提醒高校一定要在平时坚持、扎实做好安全教育工作，积极发挥学校教育的引导作用，帮助学生掌握处理突发灾害的技能技巧，增强自我保护意识，提升学生的自身安全素质。同时，学校还应当做好危机突发事件的应对机制和方案，

一旦突发性安全危机事件发生,高校相关部门应迅速启动应急预案,及时应对与化解危机,保障学生的生命财产安全,把损失减少到最低限度。

三、思考与研讨

（1）地震避险的基本知识,你了解吗?

（2）地震后如果有心理压力和情绪恐慌,应该怎么办?

（3）在不同场所遭遇地震时,我们可以采取哪些应急处置措施?

第二章

事故灾难

　　近年来,涉及高校学生的溺水、拥挤踩踏、电梯故障等突发事故频发,不仅危及学生的生命安全,而且给家庭以及社会秩序的稳定带来严重影响。事故灾难的发生,凸显了大学生安全意识淡薄以及高校对学生安全教育亟待进一步提高的问题。根据我国《中华人民共和国突发事件应对法》,突发事件包括自然灾害、事故灾难、公共卫生事件和社会安全事件。由此可知,事故灾难属于我国突发事件的四种类型之一,是一种典型的突发事件。事故灾难区别于其他三类突发事件的最主要特征在于人为因素。

　　本章结合典型案例进行分析,帮助大学生全面了解在公共场所活动的相关安全知识,提高自身安全意识和法律素养,增强应急处置的能力。这势必有助于大学生有效应对事故灾难类突发公共事件,促进自身的健康成长,更好地维护合法权益。

第一节　溺水类事故

一、安全知识面面观

（一）溺水事故的风险防范

1. 游泳场所的选择

游泳应当选择安全的地点，切勿在易发生溺水伤亡事故的地方游泳。

2. 对个人的身体健康情况、水性的了解

游泳之前要了解自身体质和当前的健康情况，比如易抽筋者，以及患有中耳炎、沙眼、高血压等疾病的人群不宜游泳。不擅长游泳者切勿盲目自信，选择深水区游泳，即使是擅长游泳者，也应当注意观察游泳区域是否有警示牌，避免到水库、池塘等不熟悉的野外的水域游泳，极易因水草的束缚或者岩石等障碍物伤人且无救援人员而引发溺水事故。

3. 游泳之前个人应当做好热身运动

充分活动身体，避免身体出现抽筋、眩晕、心慌等情况。

（二）溺水事故的应急处置

1. 溺水后的自救

溺水后需要保持镇静，尽量将头后仰，口向上，口鼻露出水面后向同伴、其他身旁人员举手求救、大声呼救；避免手上举和胡乱打水，以免身体下沉；双手划动，迅速靠上救生物品；当施救者游到自己身边时，应配合施救者，仰卧水面，由施救者将自己拖拽到安全地带，等待救援。掌握游泳技能的人应当及时脱掉鞋子和去除口袋里的重物，但不要脱掉衣服，因为衣服能产生一定的浮力。

2. 溺水后的施救

不要贸然进行救援，尤其不会水性的人切勿擅自下水施救，应当快速报警或发动周围群众帮助施救；同时在考虑水情和自身实力的情况下，采取科学、合

适的方法进行施救。施救者下水后寻找身边的可用来漂浮的物品帮助溺水者浮在水面上;如周围没有可漂浮的物品,不要从溺水者的正面靠近,应该从后面或侧面包抄施救,以仰泳的方法把溺水者带到安全处;在救助过程中一定要使溺水者的头面部露出水面,保证其呼吸,减轻溺水者的恐惧感,减少挣扎,也有助于施救者节省体力;将溺水者救上岸后,恢复溺水者呼吸至关重要,要立即清除口腔、鼻咽腔的呕吐物等,为保持呼吸通畅,应立即进行人工呼吸,同时迅速送往医院救治。如果溺水者身上穿着外套,要尽早脱下,以免湿漉漉的外套带走身体热能,出现低温伤害。

二、实例启智促安全

(一)实例描述

2014 年 6 月,一日晚 7 点左右,河南某市发生一起大学生溺水事件,1 人不慎跌落水中,随后,5 人相继跳入水中施救,结果施救者中的 2 人和落水者未能返回,均溺水死亡。据悉,事发前,共有 8 名学生在桥边一烧烤摊聚会就餐,溺亡者系河南某大学的学生。

(二)实例分析

1. 预防溺水,珍爱生命,强化安全意识和风险防范意识

大学生应当进一步增强安全意识和风险防范意识。近年来,大学生溺水事故一般发生在水库、河边等场所,因此,应当重视相关场所的安全警示牌。要特别留意警示标志,在这些场所附近活动尤其应当注意安全,切勿在河边打闹、岸边娱乐(钓鱼)、打捞、捡拾物品等,预防意外跌落水中的情形发生。另外,为杜绝溺水事故发生,禁止去危险水域以及不熟悉的水域游泳,例如野外水域水面看似平静,但水下时常有暗流、漩涡,易引发意外事故,应时刻提高警惕,深刻认知溺水的危害性,预防溺水,珍爱生命。

2. 不要贸然下水施救,尤其是不熟悉水性的学生切勿擅自下水施救

该案例中两名下水救援的学生不幸溺亡,提醒我们,不熟悉水性及水下情况不明时,不要擅自下水施救。案例中,岸上同学和群众纷纷拨打"119""120""110"报警求援,协助开展营救工作才是正确的施救方式。发现有人溺水时,首选的方案并非是贸然下水施救,首先应该大声呼救,与周围群众使用长竿等工具进行救援,同时迅速联系警方,寻求专业救援,避免造成连环溺水的悲剧。

三、思考与研讨

(1) 有人溺水时是否适用手拉手方式进行救援?

(2) 溺水后如何自救与施救?

第二节 踩踏类事故

一、安全知识面面观

(一) 踩踏事故的风险预防

(1) 注意举止文明,不在楼梯或狭窄通道嬉戏打闹,人多的时候保持安全距离,不拥挤、不起哄、不制造紧张或恐慌气氛。

(2) 尽量避免到拥挤的人群中,不得已时,尽量走在人流的边缘。

(3) 发觉拥挤的人群向自己的方向走来时,应立即避到一旁,不要慌乱,不要奔跑,避免摔倒,尤其在上下楼梯或经过狭窄的通道时,要注意脚下地面,特别是楼梯或走廊等地方,要避免走在有障碍物或者湿滑的地方,以免滑倒或被绊倒。

(4) 顺着人流走,切记不可逆着人流前进,否则很容易被人流推倒。假如陷入拥挤的人流,一定要先站稳,身体不要倾斜失去重心,即使鞋子被踩掉,也不要弯腰捡鞋子或系鞋带。有可能的话,尽快抓住坚固可靠的东西慢慢走动或停住,待人群过去后再迅速离开现场。

（5）在人群中走动，遇到台阶或楼梯时，尽量抓住扶手，防止摔倒。

（6）在拥挤的人群中，应当时刻保持警惕，当发现有人情绪不对，或人群开始骚动时，要做好准备保护自己和他人。

（二）踩踏事故的应急处置

1. 自救

（1）遭遇踩踏的自救姿势。在人群拥挤中，若身边的人冲撞你被迫倒地或被绊倒时，如果已经无法起身，应快速蜷缩身体，用双臂保护头部要害及胸腔，使肱骨、肩胛骨、锁骨以及骨盆形成支撑保护脏腑，这样可以尽量避免受到致命伤害。两手十指交叉相扣，护住后脑和颈部，两肘向前，护住头部。不慎倒地时，双膝尽量前屈，在拥挤人群中，左手握拳右手握住左手手腕，双肘撑开平放胸前，形成一定空间保证呼吸。还要把握机会靠近墙壁，寻找机会将身体从侧卧调整为跪卧，双手扣紧后脑，同时，要将脚腕部、小腿与大腿、大腿与躯干、躯干与大臂、大臂与小臂，均调整为三角形支撑身体，以便更加有效地提高我们身体的抗压性。

（2）人体麦克风法。当发现前面有人摔倒，马上停下脚步同时大声呼救，告知后面人不要向前靠近。踩踏若已经发生，要迅速与身边的人做简单沟通，以便协同行动，此时，可以运用人体麦克风法，先喊"一、二"，然后和周围人一起大声喊"后退"。通过有节奏地反复呼喊，把呼喊声一直传递到拥挤人群的最外围。如果你是身处拥挤人群最外围的人，应当意识到这是一个发生踩踏事故的警示信号。此时你要立即向外撤离，并尽量让你周围的人也向外撤离，同时尽量劝阻其他人进入人群。[1]

（3）受伤止血法。踩踏极易造成人员的出血和骨折。面对出血的情况，用绷带、三角巾、止血带等物品，直接敷在伤口或结扎某一部位，较大的动脉出血后，用拇指压住出血的血管上方（近心端），使血管被压闭住，中断血液。但每次按压不要超过10分钟，否则会影响肢体血液供应。踩踏中出现肢体骨折时可

1 汪朝勇.不为人知的防踩踏安全指南[J].平安校园,2022(11):86—89.

用夹板和木棍、竹竿等将断骨上、下方两个关节固定,避免骨折部位移动,以减少疼痛,防止伤势恶化。

2. 求救

当发现自己前面有人突然摔倒了,要马上停下脚步,同时大声呼救,告知后面的人不要向前靠近,及时分流拥挤人流,组织有序疏散。如果发生意外、人员受伤的情况,应当立即向当地救援机构(110、119、120)求助,并将伤员转移到安全地带,抓紧时间进行应急处置。

二、实例启智促安全

(一)实例描述

2023 年,国外一所大学在户外举办校园科技节的音乐会活动,当时除了学生,还有大量当地居民聚集在场外,人流量大,而现场突降暴雨,场外一大群人冲进看台躲雨,有人在台阶上滑倒,进而导致踩踏事故的发生。该起事故共造成至少 4 名学生死亡,超过 60 人受伤。

(二)实例分析

1. 大学生应当增强公共安全意识和技能

此次事件给我们的启示是应当树立良好的风险意识,增强公共安全意识和技能。大学生应当自觉接受政府相关部门、高校针对公众、学生群体的宣传培训与公共安全教育,才能在人群集中的场所以及恶劣的气候条件下,对潜在危险时刻保持警惕。上述事故的发生正是由于场外一大群人冲进看台避雨而发生推挤,同时有人在台阶上滑倒,引发踩踏事故。因此,大学生应当增强公共安全意识,不要跟风,盲目聚集,及时避开人流,提高对风险的预判能力。另外,该起踩踏事故的发生还由于现场安全出口较少。因此,大学生应当掌握预防与应对公共安全事件的技能,进入人流量大的场所,应当及时观察安全出口位置,以便尽快向正确的方向疏散。

2. 大学生积极发挥带动示范作用，主动参与安全知识传播与风险预防

大学生应当抓住学校教育和社会教育的机会，积极参加学校、社区组织的公共安全宣传活动，提高自身接受安全教育的主动性。大学生还应当发挥带动示范作用，引领全社会一起加强应急知识、法治知识的学习，让更多公众树立良好的风险意识，增强在突发事件中应对安全风险的能力。大学生具备使用社交媒体的素质和能力，应当通过社交平台等及时进行信息传递，快速扩散关键信息，发挥良好的信息预警作用，进而增强自救互救能力，有效预防踩踏事故的发生。

三、思考与研讨

（1）在空间有限且人流量较大的场所，如体育场馆、狭窄的街道、楼梯、大型演唱会等，遇有突发情况容易发生踩踏事件。如果遇到拥挤踩踏事件应如何自保？采取应急救护措施的关键步骤是什么？

（2）遭遇踩踏的自救姿势，你了解吗？

第三节　电梯类事故

一、安全知识面面观

升降电梯事故主要是突然停运和突然加速下降导致的困人和坠落事故，扶梯事故则主要是缝隙绞挤、梯面跌倒滑倒以及摔落等。

（一）电梯事故的风险防范

（1）乘坐电梯时，应当关注电梯旁是否有禁止使用电梯或电梯维修的指示。如果电梯发生异响，请不要乘坐电梯。

（2）乘坐电梯，要快进快出，避免长时间一脚踩楼层一脚踩电梯轿厢。

（3）电梯严禁超载运行，一旦超载，极易引发事故。如遇电梯搭乘人数已经达到上限（一般是1000千克，限13人），即使超载铃响并未指示，也应当选择

等待,切勿强行挤入电梯,可能导致电梯程序紊乱、失灵。

(4)请勿用手或脚阻止电梯门关闭,这种做法极易引起事故。

(5)请勿在运行的电梯厢内蹦跳。

(6)在遭遇火灾时,不要乘坐电梯,以防被困,发生烟雾窒息。

(7)乘坐扶梯时,不要在扶梯口嬉戏,不要在扶梯出口处逗留,上下扶梯请勿推挤他人,不要逆行、攀爬。

(8)自动扶梯梯级与围裙板之间的缝隙存在安全风险。围裙板静止而梯级在运动,会产生冲力,因此,应当在乘坐扶梯时,避免将脚靠在围裙板上,避免因裤边、鞋带等卷入,而导致脚被卷入,引发危险。同时,乘坐自动扶梯时请勿玩手机,很容易站立不稳摔倒,一旦发生夹卷事故,往往会导致严重的危害。

(9)携带大件行李请选择乘坐升降电梯,尽量不要乘坐扶梯。

(二)电梯事故的应急处置

(1)如若被困于升降电梯内,请保持情绪稳定,并对被困的其他人员进行安抚,坚定获救的信心。由于升降电梯内空间狭小,切忌大呼小叫,不仅影响其他被困人员的情绪,而且还会消耗电梯厢内的氧气和自身的体能。

(2)在遇到突然停运时,被困人员应当及时用电梯内部的对讲机、警铃、自身携带的手机与电梯物业管理处管理员、警察、消防员等取得联系,等待救援,还可以用随身携带的钥匙、脱下鞋子、卸下电梯的灯罩等部件敲打电梯门的方式呼救,让外界救援人员及时发现自己。请不要盲目自救,切忌强行通过撬、扒、踢门等方式自行脱困或打开电梯门或电梯厢顶部天花板逃生,极易发生坠楼,引发更为严重的事故。

(3)在遇到突然加速下降时,请迅速从低层起按下每一层的按键;如果电梯内设置了应急电源,请及时按下,电梯将马上停止下坠。同时,面对电梯的急速下落,被困人员应当采取恰当的自救防护姿势,减轻对身体的伤害。

(4)在遇到扶梯故障时,应该迅速抓紧扶手保持身体稳定,避免摔倒;电梯上人较多时,压低身体降低重心,避免发生慌乱踩踏事故;站在手扶电梯两头的乘客应该第一时间按下红色紧急按钮让扶梯停止运行,扶梯会在 2 秒内自动停下。

二、实例启智促安全

（一）实例描述

2023 年 10 月,湖北某职业学院一宿舍楼电梯发生故障,18 名学生被困其中,经市园林消防救援站救援,18 名学生安全脱困。此次电梯事故的原因是电梯超重,导致电梯卡在了一楼。庆幸的是,学生们冷静应对,及时报警求助,大家均无大碍。

（二）实例分析

1. 乘坐电梯应当具备安全常识,尤其警惕超载电梯产生的危害

近年来,电梯不堪重负是造成电梯故障继而引发更为严重的坠落意外事故的重要原因之一。大学生应当掌握乘坐电梯的基本的安全常识,提升安全意识,如果电梯已经超过荷载范围,应耐心等待,乘坐下一趟电梯,警惕电梯超载的危害,防范电梯事故发生的风险。

2. 如遇电梯故障,应当冷静处置,避免二次事故的发生

电梯事故造成的严重后果往往不是电梯失灵造成的人员被困,而是由于被困电梯者的慌乱,盲目强行地打开电梯门,继而坠入电梯井,即电梯故障引发的二次事故具有严重的危害性。上述案例中,由于学生沉着冷静地应对,及时报警求助,使得全部学生得以顺利脱困,避免了更为严重的伤亡事故的发生。由此可知,如遇电梯故障的突发情况,冷静处置是关键,务必要耐心等待专业救援人员的救助,切勿盲目自救。

三、思考与研讨

（1）如果你搭乘电梯时被困,你该怎么办?

（2）如果在乘坐升降式电梯时,遇到电梯突然加速下降,你该如何处理?

第三章

交通出行安全

随着经济社会的快速发展和人们生活水平的提高,大学生的出行活动也日益频繁。然而,发生交通事故造成人身伤亡和财产损失等安全问题也随之而来。在奔赴远方时,我们不仅要注重出行便利,还要关注出行中的安全问题。本章主要介绍大学生交通出行中需要掌握的安全知识,如何有效预防交通安全风险,以及如何应急处理突发状况,更加安全地出行。

第一节　驾车安全

一、安全知识面面观

(一)驾车安全的基本知识

交通安全系统中的核心要素是人、车、路、环境与管理。其中人是最主要的因素,80%以上的事故责任在于驾驶人员。因此,预防交通事故的重点在于提升驾驶人员安全意识和驾驶技能,同时加强对驾驶者自身的防护,例如系好安全带。看似不起眼的安全带,上车后"一拉一扣",几秒就能完成的动作,能在危急时刻挽救生命。安全带作为减轻驾乘人员受伤程度的防护装置,主要起约束位移和缓冲的作用,一旦发生紧急情况,能够有效缓解撞击能量,把驾乘人员牢牢"按"在座椅上,防止受到二次撞击或因惯性飞出车外。所以驾车时一定要提高安全意识,系好安全带!

当前,越来越多的大学生在校期间已经考取和申领了驾驶证,外出时选择自己驾车。由于大学生还较缺乏驾驶经验,更要多了解相关法律法规,增强安全行车意识,养成安全驾驶习惯,确保驾车安全。研究表明,人眼处理80%以上的信息,驾驶时眼睛眨眼次数少润滑不足,眨眼由正常的3—5秒减少到10秒左右一次,容易造成眼睛疲劳;眼疲劳最易产生疲劳毒素引起脑疲劳,进而引发全身疲劳:反应迟钝,乏力头晕,控制力减退等,因而,眼疲劳是交通安全的重要杀手!因此,驾驶人员日常要注重眼睛防护,多吃对眼有利的食物,进行适当的眼部护理如热毛巾或蒸汽熏浴双眼。

(二)驾车安全的风险防范

1. 熟悉和检查车况

要熟悉驾驶车辆的外观尺寸,这样便于把握转向、跟车、掉头、变道等操作。同时,也要熟悉车辆的控制面板,不要在驾驶过程中再去临时研究,并且对于车辆的制动、轮胎、车灯、后视镜等部位要进行认真检查,确认是否适合驾驶出行。

2. 做好路线规划

要提前合理规划行车路线,尽量避免和绕开拥堵路段,以免因为堵车而引起不良情绪。尤其是在校园内驾车,要特别注意拐弯处、事故多发地段。

3. 做好眼睛防护

一是要合理休息,不要长时间连续开车;二是要做好强光下的眼防护,最好佩戴能有效阻挡紫外线的遮光度较强的染色镜片、镀膜镜片、偏光镜片等护目,有效预防强光眩光及紫外线损伤;三是要注意夜间驾驶防护,夜间不能佩戴太阳镜,可选用专用的合格的夜晚驾驶镜,可阻挡对面汽车的强光眩光,增强黑暗中的视物清晰度。[1]

4. 选择合适的衣物

驾车时要穿上舒适的衣服和鞋子,让身体比较舒展,方便驾驶操作,不要穿高跟鞋、拖鞋等影响刹车的鞋子驾车。

5. 摆放好个人物品

不要在驾驶位上放置太多物品,以免因为急刹车而滚落到制动器下,影响驾驶人员踩踏板,或是导致驾驶人员因为弯腰捡拾物品,影响方向盘的控制。

6. 特殊天气下的驾驶

(1)雾天驾驶。在高速公路上行车,遇有能见度不足 50 米的浓雾时,要驶入服务区休息等待或从最近出口驶离高速公路;能见度过低无法行驶的时候,要立即停到应急车道或者紧急停车带,打开"双闪"灯,并立即将车上人员快速转移到公路右侧护栏外。

(2)雪天驾驶。起步时踩油门的力度要更轻一些,因为车轮容易打滑,切忌大力加油门起步;避免急打方向盘,降雪会导致路面积雪积冰或是道路泥泞,使得轮胎抓地力明显下降。急打方向,车轮会由于抓地力的降低,无法完成变向操作,进而发生侧滑。

二、实例启智促安全

(一) 实例描述

高考结束,酷暑难挡"驾考热"。临近开学,部分准大学生"自驾上大学"。2024 年 8 月,某市公安局交警支队高速公路二大队同一天处理两起因不慎驾驶导致的交通事故。两驾驶人均为准大一新生,刚领驾驶证不久。

高速交警介绍,领驾驶证才几周,部分同学怀揣驾车的新鲜感和迈入大学校门的美好憧憬,自驾在暑期车流量激增的京沪高速上。与此同时,这些"新

---

1 管怀进.眼保健与眼病预防[M].北京:高等教育出版社,2005.

手"的安全风险也伴随而来。

（二）实例分析

1. 学生驾车出行一定要增强安全意识

新持驾驶证的大学生驾驶时间短，经验欠缺，遇到紧急情况时容易惊慌失措，不宜自驾在车流量大的高速公路上，这样交通安全风险更大。

2. 驾驶员务必要遵守相关规定

根据《机动车驾驶证申领和使用规定》，实习期内的驾驶人驾车上高速行驶，首先应当驾驶符合准驾车型的车辆，其次还要由持有相应或者更高准驾车型驾驶证三年以上的驾驶人陪同，且陪同人员需要坐在副驾驶位上，对实习驾驶人进行指导。虽然两起案例符合持证驾驶规定，但不符合陪同驾驶要求，最终酿成了事故的大祸。

3. 驾车安全教育需要家庭、学校和社会共同配合

本案例中两位学生的家长都没有足够重视机动车驾驶安全的教育，正是他们的掉以轻心让刚拿到驾照不久的学生过于自信驾车出行，增加了安全事故隐患。

4. 发生交通事故后，应及时拨打相关事故处理电话

驾车发生交通事故后，应及时拨打 122（交通事故报警热线电话）。如果是高速公路上发生交通事故，及时拨打 12122（高速公路报警救援电话），详细汇报事故发生地点、位置等情况，如有人员伤亡应立即拨打 120（医疗救护电话），请求支援。

三、思考与研讨

（1）大学生驾车出行，遇到雷暴强对流天气，车辆在路上发生故障，怎么办？

（2）大学生在校园里开车，需要特别注意哪些安全事项？

恶劣天气如
何安全行车

第二节　骑车安全

一、安全知识面面观

（一）骑车安全的基本知识

大学校园占地面积大，步行较不方便，因而校园里很多学生都骑车上下学，有些高校也已经准许共享单车进校园，还有大学生买了电动车，由于校园人流比较集中，骑行一定要注意安全。自行车或电动车结构简单、一碰就倒、稳定性差、防护性弱，为了做到骑车安全，要使用正规品牌的自行车、电动自行车或电动车。不要随意在车上加装设备，例如遮阳棚（伞），以免遮挡视线，不利于观察路况，若加装设备会加大车的体积，容易与别的车辆发生剐蹭，如遇大风，容易失去重心，发生侧翻。骑行过程中一定要遵守交通规则。

（二）骑车安全的风险防范

1. 检查车辆设施

骑行前务必检查车况，看看自行车、电动车是否完好无损，确保其处于安全可控状态，避免在车闸失灵的情况下骑车上路，埋下风险隐患。

2. 遵守交通规则

（1）骑电动车要按规定佩戴好头盔。

（2）不与机动车抢道，要在非机动车道上靠右侧骑行，不逆行。

（3）转弯时不抢行猛拐，要提前减慢速度，看清四周情况，以明确的手势示意后再转弯。

（4）要按照交通信号灯指示通行，不闯红灯，不随意横穿马路。

（5）不进入标有"禁止通行""危险"等标志的地方。

3. 要有骑行安全意识

（1）与同学一起骑行时，不要嬉笑打闹或是竞速比赛。

（2）不超速骑车，下坡时一定要控制速度，尤其是骑电动自行车，在校园上下学的高峰时段，以防速度过快冲向人群。

（3）骑行中，要注意身体的平衡，不要双手离开车把。

（4）不做骑车带人、急刹车急拐弯等危险行为。

（5）骑车时不戴耳机，不要边听音乐边骑车，以免影响注意力。

4. 特殊天气下的骑车

要注意天气变化带来的道路环境安全因素。特别是遇到雨雪天气，路面湿滑，骑车容易摔倒，造成身体受伤，因而恶劣天气下骑车更要注意做好准备工作和控制措施。

（1）雨天骑车。穿好雨衣，严禁一手撑雨伞单手骑车。

（2）雪天骑车。要与前面的车辆、行人保持一定的距离，防止因刹车失灵造成事故。

（3）雾天骑车。要尽量穿颜色鲜艳的外套，以引起司机的注意。

二、实例启智促安全

（一）实例描述

某高校 6 名学生相约一起外出郊游，沿途嬉笑打闹、互相追逐。途中马某某加速骑车超越前方骑车的同学，由于骑驶不当，在超车过程中自行车后轮挂住了被超自行车的左侧脚架，自行车当即失去平衡，发生摇晃，偏向路中，此时恰巧一辆拖拉机迎面驶来，自行车前轮与拖拉机前端碰撞，马某某被撞倒，被拖拉机左前轮碾压，当场死亡。

（二）实例分析

（1）自行车结构简单、一碰就倒、稳定性差、防护性弱，交通出行时如果选择骑车，一定要选择正规厂家生产的质量合格的自行车，或是各大主流平台提供的共享单车，并在出行前检查车况是否完好，尤其是刹车是否失灵，以减少安全隐患。

（2）自行车骑行也有技巧，需要骑行者有较好的身体平衡能力和对车辆的把控能力，尤其是远途骑车，需要有一定的骑行经验和练习基础。

（3）与同学一起骑行时，一定要增强安全意识，不要一路嬉笑打闹、相互超车或是竞速比赛，以防出现刮碰摔倒等意外情况。

（4）同学发生交通事故时，一起出行的其他同学一定要保护好事故发生的现场，车辆、物品、伤亡人员以及痕迹都不做变动，因抢救受伤人员变动现场的，应当标明位置。如果肇事者想逃逸，要设法加以控制；如果肇事者强行逃逸，也要记住肇事车辆的车牌号等信息。

三、思考与研讨

（1）共享单车进大学校园后，尤其是上下课高峰时段，人流量大，此时骑车需要注意哪些事项？

（2）在骑行的安全风险防范上，电动车与自行车相比，有哪些不同？

第三节　乘坐公共交通工具安全

一、安全知识面面观

（一）乘坐公共交通工具的安全常识

乘坐公共交通工具，应该遵守公共秩序，讲究社会公德，注意交通安全。选择正规运营的公司、平台和交通工具。不要乘坐非正规公司运营的黑车、黑船等交通工具，这些没有安全保障。乘坐公共交通工具时，务必系好安全带、穿好救生衣等，做好安全保障设施。必须严格遵守车站、机场和码头的各项安全管理规定，不要以身试险。乘坐公共交通工具，尽量避免携带贵重物品，看管好自己的随身物品，一旦发现财物被窃，应一边注意身边乘客，一边通知司机或工作人员关好门，并及时报警。

（二）乘坐公共交通工具的风险防范

1. 乘坐出租车或网约车

（1）选择正规平台。多数同学为了出行方便，乘坐摩的、黑车、超载车等有安全隐患的车辆。应选择具有正规资质的平台，可以确认平台对司机的审查质量；不乘坐超载车辆，不乘坐无载客许可证车辆。

（2）网约车辆到达时，不要急于上车，先核对确认车辆信息是否和预约的一致，以免上错车。

（3）必须在车辆停稳后，确认无行人、自行车或电动车靠近，再打开右侧车门上下车。如果确需打开左侧车门，应先观察确认安全后再开车门，以防后面来车发生危险。

（4）为安全起见，大学生独自出行时可以在上车后把车辆信息和出行地点发送给亲朋好友，以便危急时刻保持联系。

（5）尽量选择后排落座，与驾驶员保持一定距离，以便应对突发情况。条件允许时最好打开车窗，以便遇到紧急情况时呼救。

（6）选择常规路线，如遇司机开往偏僻路线，应立即要求司机更换路线。

（7）夜间尽量不要单独乘车，最好结伴而行。

（8）下车时采用荷式开门法。该方法是由荷兰驾驶员发明的一种开车门方法，即用离车门最远的那只手开门（左舵车用右手，右舵车用左手），这样便于观察车门附近的情况。

2. 乘坐公交车

（1）等候公交车时，应依次排队，站在道路边或站台上等候，不要拥挤在车行道上，更不能站在道路中间拦车。

（2）上车时，应等公交车靠站停稳，先让车上的乘客下车，再按次序上车，不能争先恐后推推搡搡。

（3）不要把汽油、爆竹等易燃易爆的危险品带入车内。

（4）乘车时要坐稳扶好，没有座位时，双脚自然分开，侧向站立；手要拉住扶手,以免急刹车时摔倒;头、手不能伸出车窗外,以免被来往车辆或路边树木碰擦;不要倚靠车门、门轴等部位,严禁自行开关车门。

（5）乘车时不要只顾着玩手机或睡觉,以免因分散注意力错过站,或导致财物损失。

（6）乘车时不吃东西,不喝饮料,以防紧急刹车时咬到舌头或食物误入呼吸道引起窒息。

（7）如果在乘车途中发现驾驶员有超速超载等违章操作,或旅客携带违禁物品,应该予以干涉和制止,维护自己和他人的安全权益。如果制止无效,可以要求换车或拨打"110""122"报警。

（8）下车时,要依次而行,不要硬推硬挤。下车后,应随即走上人行道。需要横过车行道的,应从人行道内通过;千万不能在车前车尾急穿,这样非常危险,极易引发事故。

3. 乘坐火车

乘坐火车出行,也是常见的交通方式。尤其是我国的高速铁路系统非常发达,给人们出行带来很多便利。乘坐火车时,必须掌握的安全知识要点如下:

（1）不携带易燃、易爆物品及其他危险品进站上车。看到自己的行李进入安检机进口后再前往出口处取走,防止不法分子浑水摸鱼,从传送带上偷拿财物。

（2）在站台候车时必须站在1米线以外,以免不小心掉下站台或被通过的火车擦伤、撞伤。

（3）乘坐火车时,须仔细核对是否是自己乘坐的车次,不要匆忙之间上错车。

（4）等列车停稳后再有序上车。

（5）行李妥善放置在行李架上,以免掉落砸伤乘客。

（6）不要将头、手伸出窗外,以免被车窗卡住或划伤。

（7）不要乱动车厢内的紧急制动阀和各种仪表设备,以免导致事故发生。

（8）不要在车厢内吸烟，以免引起火灾。

（9）倒热水时不要过满，以免列车晃动导致热水溅出烫伤。

（10）乘坐卧铺列车时，睡上、中铺要系好安全带，防止列车运行途中晃动掉下摔伤。

（11）睡觉时要保管好自己的个人物品，防范偷盗。

4. 乘坐地铁

随着城市交通网络的迅速发展，地铁因其运量大、不堵车、性价比高等优点，成为大学生重要的出行方式。乘坐地铁出行，应注意以下几点：

（1）正确通过地铁闸机，切勿跳跃或快速奔跑穿行，如有携带大件行李，可联系工作人员使用专用通道。

（2）等候列车时，请站在黄色安全线以内，严禁擅自进入轨道。不倚靠屏蔽门、安全门或者安全护栏。

（3）乘车时，按照地面标志指示排队有序上车，等列车停稳开门后先下后上。

（4）当车门灯闪烁，蜂鸣器响起时，不要再强行上下车，阻碍车门关闭。不要在列车门快要关闭时冲门，以免被门夹伤。

（5）上车后不要倚靠车门，注意身体与车门保持一定距离。站立时请拉好吊环或扶手。

（6）当发现列车运行异常时，可使用车厢紧急呼叫装置联系司机，或拨打当地的地铁服务监督热线，告知异常情况。

（7）不乱碰车厢内的设备装置，不擅自启动紧急停止手柄。

（8）到站时，耐心等待列车门和站台屏蔽门都打开后再下车，不要推挤。

（9）上下车时请注意列车与站台之间的空隙，以免发生意外。

5. 航空出行

长途旅行，乘坐飞机是主要的出行方式。为了确保安全，需要做到以下几点：

（1）出行前注意自己身体状况。不要进食含有过多纤维素和容易发酵产气的食物，以免在飞行途中腹胀；也不要饥饿乘机，高空气温及气压变化会使人体消耗更多的热量。

（2）乘机时，确保手机处于关机或飞行模式。飞机上请勿使用手机，尤其是起飞和降落阶段。其他带有遥控装置的电子设备、计算机、音频播放机、电子游戏机等也是禁止在飞机上使用的。

（3）随身携带的物品可以放在行李架上，但是比较重的物品尽量放在座位下面。不要把行李放在安全门前或出入通道上，以免紧急情况时堵塞逃生通道。

（4）按登机牌确定的位置就座，尤其是乘坐小型飞机时，考虑到飞机的载重平衡要严格按照登机牌的位置就座，落座后请系好安全带。

（5）登机时看清紧急出口，不要随意触碰紧急出口等安全设施。

6. 乘船出行

外出旅游时乘船观光也是一种旅游出行方式，船在水中航行，可能会遇到风浪等风险，也可能因为乘客没有安全意识，而发生事故。乘船时需注意以下几点：

（1）选择正规、有资质的船舶公司，不乘坐无证船只和超载船只，拒绝乘坐未配备必要救生设备的游船。

（2）乘船前，及时关注天气预报，如遇恶劣天气，尽量不要乘船出行。

（3）上船前穿好救生衣，上、下船要遵守秩序，排队依次进行，不要拥挤、争抢。

（4）坐船时注意船体平衡，不集中坐在船的一侧，以免侧翻。

（5）不在船上打闹嬉戏，以防不小心落水。

（6）在船头或船尾拍照，要注意安全，以防绊倒或后退落水。

（7）不要随意触碰船上的设备设施，以免影响正常航行。

（8）夜间乘船，不要用手电筒向水面、岸边乱照，以免引起误会或使驾驶员产生错觉而发生危险。

二、实例启智促安全

（一）实例描述

2020 年 7 月，一架客机在厦门高崎国际机场停机坪上刚停稳，机场派出所民警立即登上飞机，控制了一名年轻男性乘客，原因是他的行为差一点就造成事故。这位乘客是在某省上学的江姓男大学生，此次来厦门旅游，座位原本在第 27 排。航空公司为防止有人误触应急出口处的装置，特地将靠近应急出口处的 15 排、16 排的座位空出来。江某上完厕所后，自行坐到 16 排的座位上，将座椅的扶手收起，横躺在座位上睡觉，乘务员多次提醒他回到自己的座位上，他都不予理睬。江某趁着飞机下降、机组人员回到座位上时，竟然把 15 排和 16 排座位旁的两个应急舱门把手保护盖都取下来把玩，一个藏在行李舱里，一个放在座位下面。飞机落地滑行时江某竟然去拉应急舱门的把手。这时机组人员通过驾驶室的警报发现他的行为，制止后报了警。江某的行为涉嫌违反《治安管理处罚法》中"擅自移动使用中的航空设施"的规定，被机场公安分局处以行政拘留 10 日。

（二）实例分析

（1）乘机时不能不听乘务员劝阻，随意自行换座，如因特殊情况需要更换座位，须征得机组人员同意。

（2）乘机时不能因为好奇心理，随意触碰飞机上的设备设施，在非紧急情况下，拉开应急舱门会给飞机带来极大的危险，属违法行为。

（3）大学生应了解相关的法律知识，乘坐公共交通工具时务必遵守相关的法律法规，这样既不触犯法律，又能有效保障出行安全。

三、思考与研讨

（1）你乘坐网约车时有碰到过安全问题吗？你觉得需要增强哪些方面的

安全保障措施?

(2) 选择公共交通工具出行,你觉得需要注意哪些共同的安全事项?

第四节　行走安全

一、安全知识面面观

(一) 行走安全的基本知识

走路是基本的出行活动。上学、放学和外出活动,我们几乎天天要在道路上行走。行走要保证安全,也有很多注意事项。走在人来车往的交通繁忙的道路上,一定要遵守交通规则,增强自我保护意识。不能有侥幸心理,盲目认为机动车和非机动车一定会避让行人;也不能有从众心理,看到其他人不遵守交通规则,自己也随大流,认为"法不责众"。

走路时,思想要集中,不要东张西望,不要一直低头看手机。近年来,走路玩手机已成为交通安全的新隐患,越来越多的"低头族"正在成为交通事故的肇事者或受害者。还有人因为走路或过马路时看手机,发生撞树、撞电线杆、撞人或被撞等事故,造成人身伤害,甚至导致死亡。走路时不要与同伴打闹推搡、嬉戏踢球等,这样会使路过车辆来不及躲闪,极易发生交通事故。

横过道路时,随便乱穿,或者在汽车已经临近时急匆匆横过道路,都是十分危险的举动。横过道路时,我们要尽量选择走"人行横道"和"人行天桥"。人行横道是行人享有"先行权"的安全地带,在这个地带,机动车的行驶速度一般都要减慢,驾驶员也比较注意行人的动态。不要在汽车前或汽车后急穿马路,因为车前车后是驾驶员眼睛看不到的视线死角和盲区。

(二) 行走安全的风险防范

1. 遵守交通规则

(1) 走路要走在人行道上。在没有人行道的地方,应靠道路右边行走。

（2）横过马路，要走人行横道。在没划有人行横道的地方横过道路，要特别注意避让来往的车辆，做到"一停，二看，三通过"，先向左看，再向右看，当看清没有来车时才可横过马路。

（3）行人通过装有信号灯的人行横道时，必须遵守信号灯的相关规定。特别要注意的是，即使信号灯已经变成绿色，也应看清左右的车辆是否停稳，确认其停稳后再通过。

2. 保持一心一意

（1）走路时不可一心二用，不要边走路边看手机，以免造成摔跤、撞物、踏空、车祸等交通意外。

（2）不要在路上打闹嬉戏，要注意来往车辆。例如，2010 年 5 月，某高校两位男同学在操场踢完足球后，在回寝室的路上还余兴未尽，在路上边跑边传球，此时身后正好驶来一辆两轮摩托车，驾驶员躲闪不及，一名学生被撞倒，造成右小腿骨折。

3. 特殊天气下的行走

（1）雪天行走。下雪天道路结冰时，外出行走要穿上防滑鞋，学习企鹅走路，两脚分开至与肩膀同宽，小步慢走，用手臂保持身体平衡，不要双手插在口袋里，以防滑倒。不要在结冰的河面、路面上玩耍、溜冰。

（2）雨天行走。暴雨天尽量不要外出，必须外出时应尽可能绕过积水严重的路段。在积水中行走时，注意观察，贴近建筑物行走，避让漩涡，防止跌入窨井、地坑等。

（3）高温天行走。高温天不要长时间在户外行走，在太阳下走路要戴上帽子或打伞，注意防晒；要多喝淡盐水，及时补充水分和盐，注意休息，以免中暑。

二、实例启智促安全

（一）实例描述

某高校学生李某，平时喜欢戴着耳机边听音乐边走路。一天下午，他跟往常一样边听音乐边走路回宿舍,经过十字路口时,一辆小汽车从他左侧开过来,汽车鸣笛,他丝毫没有避让的意思,结果汽车刹车不及时,将其撞倒,造成李某左大腿骨折。

(二)实例分析

(1)大学生一定要有安全和自我保护意识,要认识到走路也有交通事故风险。

(2)高校校园人车没有分流,交通环境较为复杂,行人经过十字路口时,一定要特别注意避让机动车。

(3)走路时最好不要听音乐,尤其是音量不要开得很大,因为这会分散人的注意力,降低行人对于周边交通状况的判断能力,增加风险隐患。

(4)出了交通事故后,一定要到医院及时就医,做好相关检查,不要认为小伤小痛问题不大,自我感觉良好,而延误了治疗时机。一方面,人的耐受力不同,有的人即使产生线状裂纹骨折,痛感也不强;另一方面,对于事故中的有些损伤,如脑血肿,一开始人体只有轻微的感觉,随着时间的推移,症状会逐渐加重,甚至会因脑疝而死亡。因此,交通事故中受伤后,应该及时去医院做系统的体检。

三、思考与研讨

(1)大学生在校园里行走,需要遵守交通规则吗?要注意什么安全事项?

(2)步行外出如果突遇暴雨天气,怎么办?

第四章

旅游安全

　　许多大学生在旅行中往往忽略了一些安全问题,如不注意人身安全、财物安全等,导致自身受到伤害或损失财产。旅游中发生的一些治安和刑事案件给人们敲响了安全警钟,提醒我们在旅行中也要时刻保持警惕,增强自我保护意识。我们应该认识到,安全是旅游的前提和基础,只有确保安全才能享受旅游的乐趣。本章主要介绍在旅游途中需要掌握的安全知识,教会大学生如何有效预防旅游风险,以及如何应急处理突发状况,更好地保障自身安全和体验旅游美好。

　　旅游安全通常是指在旅行活动中旅客有安全意识,遵守旅行活动的各项安全规定,没有发生安全事故。一般来说,旅游安全事故可分为两类,即人身安全事故和财产安全事故。

　　人身安全事故包括生病、伤亡事故、交通事故、治安事故、火灾事故,等等。例如,在旅游过程中患病,或者游玩时溺水、坠落,旅途中出了交通意外,遭遇了骚扰、偷窃、抢劫、诈骗、行凶等治安事件,遇到火灾等等,致使人身受到伤害,出现受伤或死亡等状况。财产安全事故主要指旅行途中财物被骗、被偷、被抢等等。

第一节　户外徒步安全

一、安全知识面面观

（一）户外徒步安全问题

在许多网络社交平台上，户外徒步是新的吸睛热点，却不是所有人都愿意分享背后的惊险。户外徒步虽然"门槛"不高，但并不意味着是完全安全的全民运动。户外徒步时要对行程和天气有精确的评估，更要有一颗对大自然的敬畏之心。在环境多变的户外，即便是经验丰富的户外徒步人也会遇到各式各样的突发状况。常见的困难是天气变化和道路难行。时常有新闻报道说大学生假期徒步登山受伤或死亡，这些遇险者多是初级驴友，缺乏安全常识，没有做好周密准备，对恶劣天气、复杂环境也没有预估。还有一些常见的危险行为，包括擅自夜间徒步登山、为了拍照发圈不惜以身涉险等等。户外徒步安全问题涉及多个方面，包括徒步前准备、户外装备、路线选择、应急措施等。

户外徒步
安全隐患

（二）户外徒步安全的原则

1. 预防为主

提前规划好徒步路线及出行方式，全面分析评估可能遇到的风险与隐患，尽量杜绝意外事件的发生。要做好身体上、心理上、物资保障上的充足准备，衣食住行医，一样都不能少。提前购买相关的意外险，可以选择专业服务机构，签订协议明确相关责任。

2. 认真负责

户外徒步的首要原则是人身安全，切记是"探险"不是"冒险"，是"亲近"自然而不是"征服"自然。不管是徒步新手还是经验丰富的户外爱好者，都应对自己负责，不做无谓的挑战。同时，活动前跟家人报备，遵守目的地的法律法规，必要时到相关部门进行活动备案。

3. 量力而行

一个经验丰富的户外运动爱好者不是一朝一夕速成的,从体能锻炼到装备购置,从食物准备到天气、地形判断,乃至绳索技术、紧急救护能力……有太多户外运动课程需要学习,重要的永远是循序渐进和量力而行,户外运动绝非没有"门槛",不要冒险行事,说走就走。

（三）户外徒步的风险防范

随着丛林探险、山野探秘、徒步沙漠等户外运动在大学生群体中日益盛行,很多大学生选择在节假日期间体验户外徒步,为了更好地防范风险,需注意以下事项:

1. 提高安全意识,谨慎出行

旅行前要关注自身健康状况、目的地的地形地貌、道路交通和环境状况、季节特点和天气变化等主客观条件,不要因为猎奇心理,为了追求刺激、追捧时尚而冒险出游。

2. 做好充分的准备工作

做好身体和心理、物资和设备的准备,尽量考虑周全一些。出行前务必检查装备是否齐全。

户外徒步
准备

3. 做好必要的应急预案

例如,户外徒步时如何防备蛇、蜂、虫及过敏性植物? 迷路了应怎么办? 遇到自然灾害怎么办? 了解基本的急救措施,以便在需要时能够及时处理伤口。

4. 告知他人行程

让朋友或家人知道你的出行计划和路线,以便在发生意外时能够及时联系提供帮助。

5. 穿着合适衣物,做好热身

尽量穿长袖长裤,避免蚊虫叮咬。建议穿专业的徒步鞋,它们能提供良好的脚踝支撑和防滑、防水功能。在开始徒步前进行适当的热身活动,防止受伤。

6. 团队行动

尽量与其他人一起徒步,避免单独行动,以防迷路或发生意外。

7. 适当休息

在徒步过程中适时休息,避免过度疲劳。

8. 关注环境

注意地面是否松软,避免意外摔倒或迷路;注意特殊路段,避免并排行走;注意灌木和荆棘,避免划伤或钩破衣物;如遇蛇虫,保持冷静,小心避开行走。

9. 注意天气变化

根据天气调整行走路线和策略。

10. 使用地图和导航工具

携带路线地图和导航工具,并在需要时使用照明工具,如手电筒或头灯。

(四)户外徒步的应急处理

1. 遭遇失温

失温不仅会在极端寒冷的情况下发生,短时间内大量出汗、贴身的衣服湿透,身体也容易失温。这时候应及时寻找干燥、避风的地方,换下湿衣服,严重失温时需找到合适的地方点起篝火,都是有效自救的方法。

2. 迷失方向

(1)迅速使用一切可利用的工具与外界进行联系。先爬上制高点确认地形,或者在比较高的地方燃放烟火等吸引其他人注意;如果有探照灯,可以在夜间到山顶发送求救信号;也可以在路途中适当遗留随身物品,给搜索队指引方向。

(2)运用指南针或其他方法确定离开的方向。如果没有指南针或者指南针受到磁场干扰而失效,可以尝试观察自然界中植物的生长情况,朝南的一面往往树木发育得更好。注意在撤离时沿途做好特定的记号,方便识别和被同伴发现,也可以避免走重复的路线。

（3）检查食物和饮水储备,计算出最长维持时间,为下一步计划规划基本生存储备,同时尽可能收集环境线索,判断在物资耗尽的情况下,利用自然资源能够维持生命的时间。

3. 生病受伤

在户外徒步中,遇到突发性的疾病,要根据不同情况采取相应的急救措施,然后想办法尽快前往医院救治。例如,心绞痛患者应及时服用随身携带的急救药品,以缓解病情。

如果徒步中发生事故受伤了,可以采取自救和求救的方式进行应急处理。

（1）自救。一旦发生事故受伤不能惊慌失措,了解清楚你所处的环境和伤情后尽量先自救,一定要相信自己能够战胜困难,摆脱困境。自救时,先包扎好伤口,防止血液继续流失,同

旅行中的
急救方法

时进行简单的敷药处理,防止发炎。如果已经失去基本的行动能力,要尽力保持清醒,同时尽最大可能减少体力的消耗和伤情的加剧。

（2）求救。受伤时依靠自己的力量实在无法摆脱困境,或因伤势太重不能活动时,要马上进行呼救,如果同伴在身边可以依靠同伴,如果没有,只能耐心等待救援。在等待救援时要注意保持体力、坚定信念,还要及时发出求救信号。可以利用携带的通信工具以及电筒、打火机的光线,也可以利用石头敲击发出声音,挥动色彩鲜艳的衣物等办法吸引周边路过旅客的注意力。

二、实例启智促安全

（一）实例描述

2015 年,某高校学生潘某、赵某相约徒步穿越我国某沙漠后失联。后有牧民发现两人的行踪。救援队到达两个发现地后,潘某意识清醒,身体虚弱,随车医护人员立即对其组织实施救援;赵某已无任何生命体征,确认死亡。

（二）实例分析

类似"徒步沙漠"这样的户外挑战项目要谨慎而行。要注意以下几点：

1. 提高安全意识

出行前应充分了解户外项目的难度，对自己身体状况和专业技能做出全面评估。做好风险和隐患的分析与预判，并有针对性地制定应急处置措施。建议购买旅游意外保险及医疗保险。

2. 掌握户外知识

要了解当地的气候和地理条件，掌握必要的自然环境、户外探险等专业知识，在专业人员指导下开展户外活动，尽量结伴而行，切勿擅自冒险前往无人区和人烟稀少区以及未开发、未开放的高风险区域。

3. 要作好各项准备

徒步穿越沙漠这种难度和风险都较高的户外活动必须要有当地向导与专业人士的陪伴；必须有全球定位系统（GPS）、短波电台和太阳能板，确保正常通信联络；必须备足食物、水和合适的衣物，准备急救药物、雨具头灯等常用装备；还需要有强健的身体素质等等。

4. 掌握自救、互救知识

提升野外生存能力，掌握多种求生方法。提前向行业协会、探险组织报备行程，加入"户外救援互助平台"，让组织实时掌握行踪、动向，一旦遇险，可及时施救。

三、思考与研讨

（1）户外徒步时有可能遇到哪些风险？

（2）户外徒步时迷失方向了，怎么办？

第二节　高风险、高强度旅游安全

一、安全知识面面观

（一）高风险旅游项目

1. 高风险旅游项目的安全问题

近年来，冲浪、潜水、漂流、玻璃栈道、热气球、高空飞行、跳伞、蹦极、攀岩、滑雪等充满刺激和挑战的高风险旅游项目越来越受到广大游客，尤其是年轻游客的喜爱。大学生充满青春活力，喜欢户外活动，旅游中更愿意选择尝试高空、高速、水上、潜水、探险等高风险旅游项目，但这些项目危险系数高，应警惕防范。

与一般性旅游项目相比，高风险旅游项目专业性强、风险程度高，易因天气、环境、设施和操作等因素影响而发生安全事故。设施设备的维护、工作人员的专业水平、现场操作的标准化流程以及游客的配合和安全意识，甚至是天气和温度等多方面因素，都会对游玩的安全性造成影响。为此，广大游客要谨记安全为先、量力而行，慎重选择高风险旅游项目。

2. 高风险旅游项目的风险防范

（1）认真了解高风险旅游项目经营者的资质、安全措施及项目的安全要求，不选择存在安全隐患的项目。

（2）提高风险抵御能力，增强保险意识，尽量选择购买能够承保所参与项目的旅游保险产品。

（3）参与高风险旅游项目前仔细阅读项目相关提示，量力而行。如果自身的身体条件、年龄等不适合项目要求的，或管理人员建议不宜参加的，不要参与项目活动。

（4）认真参与旅游项目培训。例如，浮潜前，务必认真听取教练及工作人员介绍，进行必要培训，确保熟练使用呼吸管换气，穿好救生衣再下水。

（5）参与旅游项目活动时严格遵守安全操作规范，听从工作人员指挥，不擅自行动，不做可能危及自身及他人安全的举动。

（6）选择安全系数更高的安全带。高空项目中，三点式安全带无法保证穿戴者的安全。五点式安全带，也叫全身式安全带，能够固定使用者的腰部、臀部、大腿，能确保人在空中姿态稳定，安全带不会发生明显位移，更好保障游客安全。

（7）境外旅游时，慎重选择热气球、深潜、全地形车等高风险旅游项目。自由活动期间，切勿参加非法旅游项目。

（8）如遇突发状况，请保持冷静，及时向周围救生人员求救。服从现场指挥，及时拨打当地急救和应急电话。

（二）高强度旅游——"特种兵式旅游"

1. "特种兵式旅游"的出现

近年来，"特种兵式旅游""军训式旅游""大学生军训式旅游"等词条在众多社交媒体上成为热门话题，时间短、景点多、花费少、舟车劳顿等是这种新型旅游方式的特点。"特种兵式旅游"是年轻游客中兴起的一种高强度的旅游方式，即用尽可能少的时间和费用游览尽可能多的景点。这种"降本增效"的旅游对于消费能力有限的大学生来说，性价比很高，因而"特种兵式旅游"在大学生群体中备受青睐，形成一种潮流。例如，有大学生利用寒假 8 天跨越三个省份，打卡几十个景点；还有大学生一天玩 8 个景点，晚上只睡 3 小时。

2. 大学生选择"特种兵式旅游"的原因

（1）急迫心理。大学期间，时间相对宽松，课余可以自由安排时间。大学生想利用大学四年多出去旅行，存在一定的"急迫性旅行"心理。有学生表示，想到工作后高强度的工作节奏便会让这种大学期间"赶紧去玩"的心理被放大了，这种急迫感使得出游频次明显增加。

（2）减压心理。"特种兵式旅游"也更像一种狂欢，可以有效帮助大学生释放情绪和压力。虽然现在大学生出游可能带有一些急迫性旅游的色彩，但热爱才是更强的内驱力。来一场说走就走的旅行,到一个陌生的地方或者心仪的去处,能远离现实生活中的烦扰,而且一些风景名胜的山水优美与空气清新的氛围的确可以放松心情。

(3) 满足心理。对于大学生来说,若是一趟旅行能把每个知名景点都逛了,就会产生一种收集感的满足。而且,虽然寒暑假很适合大学生出门旅游,但是很多学生在寒暑假都会去实习实践,反而没有机会出游。因此,大学生通常选择周末两天"特种兵式旅游",且周末出行还能够错峰旅行,景区的消费或住宿都会对半打折,性价比和获得感更高。

3. "特种兵式旅游"可能存在的负面影响

"特种兵式旅游"需要有优秀的身体素质作基础,而且对于学生来说也存在一些负面影响。

(1) 忙着拍照打卡,降低游玩质量。这种旅游方式主要体现为高强度、高密度、高效率,行程紧、节奏快,更多是赶场式的走马观花,而非深度参与,不能很好地体验当地的风土人情和历史文化。

(2) 影响身体健康和学业。大学生采取这种旅游方式,通常会在周末选择一些比较远的目的地,可能日均 9 万步,过于疲累导致身体疼痛,而且如果周一有课程安排,就很容易迟到,上课精神不佳。

(3) 存在一定的安全隐患。这种旅行方式对大学生群体有很大风险,其实是在强制打破生物钟,透支生命,因为高强度运动会加重脏器负担,再加上睡眠不足,身体功能缺乏恢复时间,容易诱发多种疾病,如心脑血管疾病等,严重的甚至有猝死的风险。前期攻略的制定、中途突发的一些情况等,也都很考验一个人面对问题的处理能力和应变能力,学生社会经验不足,旅途中遇到突发情况,处理不当易发生安全事故。

4. "特种兵式旅游"的风险预防

(1) 出行前需要对自己的身体进行一次全面的健康检查,以确保能够完成这种高强度的旅行。旅行前需要进行相应的锻炼,增强体能和毅力,以应对旅途中的各种挑战。

（2）购买相应的保险，对旅途中可能出现的意外情况（如摔伤等）都有所保障。

（3）要注意所到各地的天气变化，带好适合的衣物。

（4）做好应急准备，如携带急救药品和急救装备等。

（5）要量力而行，不要过分透支体力，尤其是高温天气，长时间在户外容易中暑，要注意休息，多喝水，通过拉伸及时缓解肌肉疲劳。

（6）旅游中如果已经出现了腰骶部、膝关节、足部等位置的疼痛，就要及时休息，不要再咬牙坚持了。要时刻注意身体给出的"信号"，才能避免出现不必要的损伤。

（7）如果保持充足睡眠已很难消除疲劳感，可以考虑通过热疗配合按摩、热敷等，使肌肉得到放松，促进乳酸代谢排出，加快消除疲劳。

（8）短时间内打卡众多美食店，要注意饮食节制，以免暴饮暴食，容易引发急性胃肠炎、急性胰腺炎等疾病。

（9）事先做好功课，不能为了省钱陷入消费陷阱，越是匆忙越容易失去理智判断。

（10）应该了解一些法律常识，一旦发现侵权行为，可以运用法律手段维护自身权益。

如何应对旅途中的侵权

二、实例启智促安全

（一）实例描述

2023 年，四川省某市公安局辖属的某派出所一周内两次接到报警，深夜前往深山搜救被困游客，先后成功救援共 6 名被困人员。6 名游客都是外地人，一行 4 人冒险贪图"捷径"被困，另外一行是两名大四学生，毫无计划和准备，盲目爬山后被困。

这两名大学生表示，她们今年大四，分别只有 23 岁、24 岁，选择来四川毕业旅行,当天在城区游玩后,通过网络搜索得知附近有一座山,于下午 1 点左右开始爬山,也没有任何爬山的准备,不知道路线,只穿着平板鞋、休闲服,包里只有两瓶水、两个士力架巧克力,此外没有任何装备,对山上路况也一无所知。

(二)实例分析

类似的深夜爬山被困,充满安全隐患,通过以上例子,希望大学生们在选择"特种兵式旅游"时,注意以下几点:

1. 提前做好充分的准备

旅游前一定要认真作好准备、了解当地天气等情况,特别是夏季来临,雨水增多,爬山要选择成熟安全的路线,不要寻求刺激、冒险攀爬,要提高安全意识,在保障安全的前提下出游。

2. 对自身身体状况有正确的认知

登山和日常锻炼有很大区别,不能以为年轻就不顾及身体状况。要对自己的体能有充分认识,学会调整行进节奏,还要学会放弃。特别是"特种兵式旅游",无法保证充足休息,打破自己的生物钟,使得身体不在最佳状态,易发生意外。

3. 选择合适的时间地点

在专业人士看来,夜间爬山视线不佳,容易造成滑坠,或者有落石等危险也无法及时避让,且户外气候条件千变万化,容易有突发情况,因此,如果采取"特种兵式旅游",也要选择在合适的时间,去合适的地点,以免增加安全风险。

三、思考与研讨

(1)你会选择高风险旅游项目吗? 为什么?

(2)选择"特种兵式旅游",需要事先做好哪些准备?

第三篇

个人与校园安全

第一章
个人安全

本章从食品安全、财产安全和心理安全三个方面来讲解大学生的个人安全。

"民以食为天",食品与我们的日常生活关系密切。近年来,食品安全事故频发,食品安全问题严重,已引起社会广泛关注。尤其是高校的食品安全问题令人担忧,常有个体性和群体性食物中毒事件报道。大学期间是大学生身心成长的关键阶段,健康安全的饮食关系到学生的身体及心理健康,更关系到高校安全和社会稳定的大局。因此,如何构建安全的高校饮食体系就显得十分重要。

大学生财产安全也是大学生活中一个重要的话题,涉及个人财物的管理、防范盗窃、诈骗等多个方面。由于大学生涉世不深,不善于保管自己的钱物,同时,他们又是集体生活的特殊群体,因而大学生的财产就成了盗窃、抢劫、诈骗、敲诈勒索等不法分子侵害的重点对象。

第一节　食品安全

食品安全问题复杂,是从"农田"到"餐桌"的系统工程。本节重在做好食品安全的教育和提示，增强学生的食品安全意识，使学生养成良好的饮食卫生习惯。

一、安全知识面面观

食品安全是指确保食品在生产、加工、运输、储存和消费的全过程中，不会对人体健康造成危害的一系列措施和标准。这包括了从食品原料的选择和采购、食品加工与生产、运输与储存、销售与配送，以及消费者的食品处理与食用等各个环节。食品安全的目标是保障人们食用时的健康和安全，减少食物中毒、传染病和其他食品相关疾病的发生。

（一）食品安全问题的分类

高校校园中，有些学生食堂的卫生条件不达标，食堂从业人员不规范操作，采购原料有安全隐患（如农药残留、兽药残留及化学污染物残留等），校内外不卫生饮食或学生采购非卫生安全食品等。食品安全问题涉及多个方面，主要包括以下几类：

1. 微生物污染

食品中可能存在细菌、病毒、真菌等微生物，它们可能引发食物中毒或传染病。常见的微生物包括沙门氏菌、大肠杆菌、金黄色葡萄球菌等。

2. 化学污染

食品中可能存在的化学物质包括农药残留、重金属、食品添加剂、兽药残留等，这些化学物质可能对人体健康造成危害。

3. 生物污染

食品中可能存在的生物性污染物包括霉菌、蛋白质分解产物等，它们可能导致食品变质或发霉。

4. 物理污染

食品中的物理性污染物包括食物中出现的玻璃碎片、金属片等，它们可能对人体造成机械性伤害。

5. 过期及不当保存

食品过期或者不当保存可能导致细菌滋生、食品变质等问题,影响食品的安全性。

6. 基因改造食品

涉及对食品基因的改变,引发一些争议,对于一些人来说可能会涉及伦理层面的安全问题。

7. 食品添加物

食品中添加的色素、香料、防腐剂等添加剂,如果使用不当或者超出安全标准,可能对人体健康造成影响。

确保食品安全需要综合考虑以上各方面的因素,通过制定严格的食品安全标准、加强监管和检测、提高生产加工环节的卫生质量等措施来保障消费者的健康。

(二) 食品安全的风险防范

食品安全重在预防,对于大学生而言,要注意在以下几方面养成饮食卫生习惯:

1. 校园饮食卫生

(1) 就餐应选择在校内食堂及取得卫生许可证的饮食店或商店,尽量减少到校外就餐,不去卫生条件较差的马路餐桌或个体摊点进餐或购买食品。

(2) 生吃的蔬菜、瓜果、梨桃之类的食物要去皮或洗掉表皮上的残留农药,最好在开水里烫 3—5 分钟再食用。

(3) 在商店选购食品时,应注意生产厂家及生产日期,不食用无标签或非正规生产厂家的包装食品,不食用过期变质食品和病死的禽、畜肉。

(4) 食用鱼、虾、肉、蛋、奶等食品必须保证选料新鲜、干净,不要吃隔夜变味的饭菜。此类食品应高温加热后食用,不要生吃。

（5）存放食品的容器要清洁无毒，食品（特别是熟食）要存放在清洁、干燥、通风条件好的地方，并防止老鼠、蚊蝇和蟑螂等污染食品，避免化学药品与食物混放在一起。

（6）注意个人卫生，养成饭前便后洗手的良好习惯，尽量不要用手直接接触食物。

（7）到食堂用餐，使用经过严格消毒的统一餐具或自备餐具。宿舍内每人应使用自己的餐具，饭后应清洗干净，妥善保存。

（8）坚持一日三餐，做到有规律进食，不暴饮暴食，聚会时切勿过量饮酒，尽可能根据气候特点和个人身体状况合理安排饮食，特别要注意患病期间的饮食卫生。

（9）要经常关注电视、电台、报纸、杂志、网络等媒体刊登的有关食品报道事件，从中学习食品安全常识，减少安全事故的发生。

2. 日常饮食习惯

（1）远离无证食品店摊。

青年学生活动量大，消耗多，加上生长的需要，食欲旺盛，有些学生对学校食堂的饭菜吃腻了，往往就会到学校附近购买食品和饮料等。其中有些店、摊未经工商和食品卫生管理部门批准，从业人员没有经过卫生知识培训，没有健康体检。因此，千万不要去那些没有食品卫生许可证和工商执照的店摊买东西吃。

（2）不吃过期食品和变质食物。

保质期（最佳食用期）是指在标签规定的条件下，保持食品质量（品质）的期限。在此期限内的食品可以放心食用。超过保质期限的食品，不宜销售和食用。有些食品虽然在保质期内，但由于保管不当或意外灾害，而出现霉变、虫蛀、发酵、走油等变质情况；有的因包装破损而使食物受到污染。一旦食用这样的食品，极易危害健康。

（3）不要在打闹嬉戏时吃东西。

青年学生好动,课余时间常在一起打闹嬉戏。有的同学往往会在这时买来食品与朋友分享,但一边玩闹一边吃东西容易发生意外。因为嬉闹时注意力分散,而食物在口腔内咀嚼时,会因说话、突然大笑、叫喊、追逐、跳跃等而意外地滑入食道或气管中。轻者引起呛咳、卡噎;重者甚至导致气管被异物堵塞,造成严重后果。此外,哭泣时也不要吃东西,否则也有可能引发意外。

（4）少吃油炸和腌制食品。

油炸食品是许多青少年的最爱。国家卫生健康委员会食品污染物监测网监测结果显示,高温加工的淀粉类食品(如油炸薯片和油炸薯条等)中的丙烯酰胺含量较高,其中薯类油炸食品平均含量高出谷类油炸食品的 4 倍。医学研究表明,长期低剂量接触丙烯酰胺会出现嗜睡、情绪和记忆改变、幻觉和震颤等症状,并伴随末梢神经病(手套样感觉、出汗和肌肉无力)。腌制食品也是青少年日常饮食中接触较多的食品,它所含有的亚硝酸盐已被证明具有致癌作用,应该尽量少吃或不吃。

（5）饮食定时定量。

定时,是指吃饭时间要有规律;定量,是指吃饭要有节制,每餐不宜过饱,三餐合理分配:早餐 30％,中餐 40％,晚餐 30％。

（6）多吃谷类,供给充足的能量。

青年对能量的需要高于成人,且男性高于女性,每日约需 10040—11 720 千焦耳(合 2 400—2 800 千卡)的能量补充。

（7）营养均衡。

保证鱼、肉、蛋、奶、豆类和蔬菜、水果的摄入,尤其是钙的摄入。全国营养调查资料表明,对奶和奶制品的摄入量,平均每人每日为 341—374 毫克,仅为供给量标准的 38.9％—52.5％,所以饮食中不可缺少奶和奶类食品。

（8）养成吃早餐的良好习惯。

营养充足的早餐不仅能够保证青少年身体的正常发育,而且对其学习效率的提高也起到不容忽视的作用。

（9）应注意学习紧张期间(如考试时)的营养和饮食安排。

人体处于紧张状态下,一些营养素如蛋白质、维生素 A 和维生素 C 的消耗会增加。要注意补充这些营养素,像鱼、瘦肉、肝、牛奶、豆制品等食物中就含有丰富的蛋白质和维生素,新鲜的蔬菜和水果中含有丰富的维生素 C 和矿物质。

(10) 吃饭要细嚼慢咽。

细嚼慢咽有利于消化,现代人囫囵吞枣式的吃饭习惯,使得大多数食物都在很大颗粒的状态下就进入胃中,加上生活习惯不好,使得消化酶的分泌不足,人体的消化系统长期处于超负荷的状态,使得肠胃的问题愈来愈严重。快速的吃饭习惯,更使身体分泌消化酶的速度赶不上食物的供应。大多数食物或因颗粒太大,或因消化酶分泌不足,而使食物到达小肠时成为液态的比例非常低。大多数食物仍然是块状固体,这些固体食物最终只能被当成大便排出体外。虽然吃了很多食物,但是被身体吸收的比例很低。

(三)食品安全的应急处理

食源性疾病俗称食物中毒,泛指所有因为进食了受污染食物、致病细菌、病毒,又或被寄生虫、化学品或天然毒素(如有毒蘑菇)污染了的食物后出现的非传染性(不属于传染病)的急性、亚急性疾病。

1. 食物中毒分类

食物中毒按致病源物质可分为细菌性食物中毒、化学性食物中毒、有毒性动植物食物中毒、真菌及其毒素食物中毒等。

首先,据国家卫生健康委员会统计,我国各类食物中毒事件中,细菌性食物中毒最多见,占食物中毒总数的一半左右。细菌性食物中毒具有明显的季节性,多发生在气候炎热的季节。一方面,这是由于气温高,适合微生物生长繁殖;另一方面,人体肠道的防御机能下降,易感性增强。细菌性食物中毒发病率高,病死率低,其中毒食物多为动物性食品。

其次是化学性食物中毒。化学性食物中毒是指健康人经口摄入了正常数量,在感官上无异常,但确实含有某种或几种"化学性毒物"的食物,随食物进入体内的"化学性毒物"对机体组织器官产生异常作用,破坏了正常生理功能,引起功能性或器质性病理改变的急性中毒。常见的化学性食物中毒包括有机磷引起的食物中毒、亚硝酸盐食物中毒、砷化物引起的食物中毒等。

再次是有毒动植物食物中毒。有毒动植物食物中毒是指一些动植物本身含有某种天然有毒成分，或由于贮存条件不当形成某种有毒物质被人食用后引起的中毒。自然界中有毒的动植物种类很多，所含的有毒成分复杂。日常生活中常见的有含氰甙植物中毒、发芽马铃薯中毒、豆角中毒、生豆浆中毒等。

2. 食物中毒主要原因

一是生产经营者疏于食品卫生管理，对食品加工、运输、贮藏、销售环节中的卫生安全问题注意不够，此类中毒发生率最高，出现在学校食堂和饮食服务单位的食物中毒多属此类。

二是滥用食品添加剂或使用非食品原料，如媒体报道的发生在江西的毒猪油事件，发生在广东省肇庆市掺杂液体石蜡的食用油引起的集体食物中毒事件等。

三是误食，主要是食用亚硝酸盐、河豚、毒菇和农药、鼠药污染的食物引起的中毒，其发生的数量较多，且中毒者病情危重，死亡率极高。

四是群众食品卫生知识匮乏，食品加工、贮存不当，导致细菌性食物中毒。

五是农药生产经营和使用管理不完善，食品加工和种植过程中使用国家已明令禁止生产和使用的鼠药、农药引起的。

3. 食物中毒的症状及诊断依据

虽然食物中毒的原因不同，症状各异，但一般都具有以下流行病学和临床特征：

一是潜伏期短，一般由几分钟到几小时，食物中毒一般在用餐后 4—10 小时发病，高峰期出现在用餐后 6 小时左右。

二是病人临床表现相似，且多以急性胃肠道症状为主。

三是发病与食入某种食物有关，病人在近期同一段时间内都食用过同一种有毒食物。发病范围与食物分布呈一致性,不食者不发病,停止食用该种食物后很快不再有新病例。

四是一般人与人之间不传染,发病曲线呈骤升骤降的趋势,没有传染病流行时发病曲线的余波。

五是有明显的季节性,夏秋季多发生细菌性和有毒动植物食物中毒;冬春季多发生肉毒中毒和亚硝酸盐中毒等。

《中华人民共和国国家标准食物中毒诊断标准及技术处理总则》中明确规定,食物中毒患者的诊断由食品卫生医师以上(含食品卫生医师)诊断确定;食物中毒事件的确定由食品卫生监督检验机构根据食物中毒诊断标准及技术处理总则确定。

4. 食物中毒的应对与救治

日常生活中常见的易中毒食物包括鲜木耳、鲜黄花菜、鲜海蜇、变质蔬菜、霉变甘蔗、长斑红薯、生豆浆等。

(1)立即停止食用。发现食物有异常情况时,立即停止食用,以防止进一步食用导致健康问题。

(2)储存残留食物。如果可能的话,保存一些残留食物作为证据,以便后续进行调查和处理。

(3)寻求医疗帮助。如果出现任何身体不适或疑似中毒症状,立即寻求医疗帮助。可以拨打当地的急救电话或者前往最近的医院就医。

(4)及时报告。向相关部门(如食品监管部门或警方)报告事件,提供详细的情况描述和可能的证据。这有助于调查和采取适当的措施,以防止类似事件再次发生,并保护其他人的健康安全。

(5)与食品销售方沟通。可以与食品销售方进行沟通,告知他们发现了有毒食物,并表达对食品安全的关注。要求他们立即停止销售相关食物,并进行食品安全检查和整改。

(6)注意个人卫生:在等待医疗帮助的过程中,保持充足的饮水、注意个人卫生,并避免进一步食用其他不明食物,以减少健康风险。

综上所述,面对发现有毒食物的情况,及时采取行动是保护自己和他人健康的关键,同时也有助于预防类似事件的再次发生。

一旦在校内发生食物中毒事件,学校应立即报告并启动应急预案统筹处理该事件,学校主管领导立即指挥应急抢救工作。校医密切观察病情,对患病学生按情况轻重进行分类处理:症状稍重者由专门老师护送,用校车送医院处理;症状轻微者经对症处理后在校医室观察;如中毒学生较多,情况紧急时,可拨打120请急救中心派人来校急救,采取抢救措施。

二、实例启智促安全

(一) 实例描述

某校食堂在一段时间内发生了多起食物中毒事件,导致学生们十分担忧食品安全。经过调查发现,食堂存在卫生条件差、食品加工不规范、食品保存不当等问题,这些都是导致食物中毒的原因。之后食堂管理部门采取了一系列措施改善食品安全状况,包括提升食品加工和存储的卫生标准、加强员工培训、定期进行食品安全检查等。

(二) 实例分析

从以上例子中,可以得知大学生更加要重视食品安全。大学生应该认识到食品安全对自己健康的重要性,并对食品来源和加工过程进行更加谨慎的选择。

1. 关注食品安全信息

学生应该关注校园食堂和外部食品供应商的食品安全信息,了解食品来源、加工过程和检验合格情况。

2. 行动监督食品安全

学生应该积极参与监督和反馈食品安全问题,例如向食堂管理部门反映问题、参与食品安全检查等。

3. 培养自主健康意识

学生应该学会自主保护自己的健康,如勤洗手、避免食用不干净的食品、注意饮食平衡等。

4. 主动参与解决问题

学生可以通过组织食品安全宣传活动、参与学校食品安全管理委员会等方式,积极参与解决食品安全问题,促进校园食品安全的改善。

这个例子提醒大学生们要对自己的饮食安全负责,同时也促使他们关注并参与到食品安全管理和监督中来,共同维护校园食品安全。

三、思考与研讨

(1)请结合自己或身边同学朋友的经历,谈谈大学校园食品安全主要有哪些问题?

(2)如果不小心食物中毒了,应该怎么办?

第二节　财产安全

本节将围绕大学生财产安全这个主题,介绍大学校园常见的财产安全问题、发生的原因、如何防范以及出现问题的应急对策等知识,并结合典型实例分析,给大学生提供警示,有助于提高大学生维护财产安全的意识和技能。

一、安全知识面面观

财产安全是指个人或团体财产在一定环境下不受损失、侵害或失窃的状态,保障财产安全需要综合考虑预防措施、风险评估、保险保障、加强管理和加强监督等多种手段和措施。大学生财产安全则是指大学生个人或团体财产在校园内外受到保护和保障的状态,这包括了个人财产(如手机、电脑、钱包等)、学习资料、宿舍物品等。

（一）常见财产安全问题

大学校园常见的财产安全问题包括以下几种：

1. 盗窃

盗窃是大学校园最常见的财产安全问题之一。盗窃是指以非法占有为目的，秘密窃取数额较大公私财物的行为。近年来，以大学生为目标的侵财犯罪案件不断上升。面对社会上各种各样别有用心的人将黑手伸向大学生群体，让涉世未深的大学生屡屡上当受骗、损失财物，甚至遭受人身伤害，我们应该在提高安全防范意识的同时，学习一些相关知识、了解基本的犯罪作案手法，贴近实际，练就辨别真伪的本领，以达到保护好自身财物的目的。

校园公共场所是盗窃高发场所。校园公共场所主要是指学校的教学楼、图书馆、自习室、食堂、运动场等。犯罪嫌疑人往往趁没人或人少之际下手，甚至重复在这些场合多次实施盗窃。

2. 抢劫

抢劫是当今社会诸多犯罪形式中危害严重、公共影响恶劣的一种暴力犯罪类型。它不仅给被害人带来了极大的身心伤害和财产损失，更可怕的是，它不是单单针对某个人，而是针对整个社会，是对公共秩序的公然挑衅和蔑视，容易催生不安定心理，造成恐慌情绪，引发整个社会的不稳定。因此，人们对涉抢的犯罪案件总是非常关注和重视。近年来，大学校园抢劫案件时有发生，严重威胁大学生的生命与财产安全。校园防抢安全问题刻不容缓。发生在大学校园的抢劫和抢夺案件，具有以下几个特点：

（1）时间：一般为校园内夜深人静、行人稀少之时。

（2）地点：大多数发生于校园内比较偏僻、阴暗、人少的地带，一般为树林中、小山上、远离宿舍区的教学楼附近或无路灯的人行道、正在兴建的建筑物内。

（3）对象：多为单身行走的人员，特别是单身行走的女性，或滞留在暗处的恋爱男女。

（4）作案人：一般为校内或学校附近有劣迹的小青年,熟悉校园环境,往往结伙作案;作案时胆大妄为,作案后逃遁。有时也有外地流窜人员伺机作案。作案手段隐蔽性强,一般不使用暴力或破坏性手段,作案时不易被发现,现场不留痕迹,侦破难度较大。学生的手机、电脑、钱包、自行车等贵重物品经常成为抢劫目标。

3. 诈骗

学生在校园内也可能成为诈骗的目标,如虚假的兼职招聘信息、虚假的商品销售信息等。诈骗是社会上另一种主要的侵财犯罪。目前的诈骗手法让人眼花缭乱、防不胜防,而且还有不断翻新、变化的趋势,具有很强的欺骗性。而对于大学生来说,他们相对独立地掌握和使用有限的财物,但在怎样安全地用钱方面还略显不足,加之缺乏社会经验,思想上又善良单纯,容易成为诈骗犯罪分子首选的目标。

（二）财产安全事故的原因

大学生财产安全事故发生的原因多种多样。

第一,个人疏忽大意是主要因素之一,包括对个人财物的保管不当、行为不慎等。

第二,部分学生缺乏财产安全意识,对财产安全风险认知不足,未能采取有效的安全防范措施。

第三,校园环境因素也会影响财产安全,如宿舍门窗设计不合理、安防设施不完善等。

第四,经济压力导致的财务管理不善,也可能使一些学生陷入高息借贷、赌博等不良行为,增加财产安全风险。

第五,社交活动中的不慎行为、技术因素如网络诈骗、心理因素如冲动行为等也是导致财产安全事故的原因之一。

综合来看,个人因素、环境因素、社会因素以及心理因素等多个方面共同作用,使得财产安全事故发生的风险增加。因此,学生自身和校园管理部门都需要共同努力,加强对财产安全的管理和保护。

(三) 财产安全和风险防范

财产安全重在防范,大学生要在日常学习和生活中做到以下几点:

1. 保管好贵重物品

学生应该随身携带贵重物品,如手机、钱包等,避免将其放在易被盗窃的地方。尤其是在宿舍、图书馆、食堂等公共场所,应格外注意保管个人财物。

(1)到食堂就餐时,不要用书包占座位;不要将手机、钱包等贵重物品放在外套的口袋内;排队时将自己的包背在胸前,不要给小偷可乘之机。

(2)在教室或图书馆、自习室里学习的同学,要妥善保管好自己的书包等物品,不要让它离开你的视线。确需离开时,应委托同学或熟人代为保管,如教室里无其他人员,必须随身携带自己的物品。

(3)尽量不要将贵重物品带进运动场所,如确需带入运动场所,切勿将贵重物品随意放置,应指定专人保管,防止被盗。

(4)到图书馆存包,务必自带锁具,上好锁。在存放的包内不要放置现金、手机等贵重物品,以免造成更大的损失。

2. 使用安全锁

对于宿舍或租住的房间,应使用高质量的安全锁,并及时更换密码。确保宿舍门窗牢固,不易被破坏。

3. 保护电子设备安全

定期备份重要数据,安装反病毒软件和防火墙,避免电脑、手机等设备被黑客攻击或病毒感染。

4. 提高警惕预防诈骗

积极参加学校或社区组织的诈骗防范培训,增强自我防范意识和应对能力。提高对诈骗手段的警惕性,学会分辨常见的诈骗手法,如电话诈骗、网络诈骗、短信诈骗等；学会辨别真假信息，如注意识别假冒的银行、企业、政府机构等信息，不轻信虚假中奖、优惠活动等信息；保持冷静，不轻信陌生人的言语、承诺、求助、借款等要求，避免被利用诱导或胁迫；谨慎对待不明来历的电子邮件、短信、社交媒体信息等，不随意点击陌生链接，不下载不明来源的软件和文件，避免成为网络诈骗的受害者；对于不明来源的招聘信息，特别是涉及先付费用、高薪招聘但岗位要求不明确等虚假招聘信息，要提高警惕，避免上当受骗。

5. 增强社交安全意识

（1）不要将手机和银行卡借给陌生人使用。

（2）不要随意留宿不知底细的人，否则可能引狼入室。

（3）对外来推销人员要坚决予以拒绝，并及时报告宿舍管理人员或保卫处。

（4）对形迹可疑的陌生人应提高警惕。见到形迹可疑的人在宿舍楼四处走动或窥探张望时，同学们要多问问，即便不能当场抓住，也能使盗窃分子感到无机可乘，不敢贸然动手，客观上起到预防作用。

（5）不轻信陌生人的约会或邀请，不随便添加陌生人为好友，核实身份很重要。

（6）不要随意透露或公开自己的个人信息，不轻易将个人身份信息（包括姓名、学号、住址等）、银行账号、密码等重要信息透露给陌生人，特别是通过电话、短信、社交网络等渠道，避免被不法分子利用。

6. 及时报警

注意周围环境的安全状况，如发现可疑人员或情况，及时报警或向学校安保部门求助。一旦发现有诈骗行为，要及时向警方报案，保留相关证据，并配合警方进行调查处理。在发现盗窃、被抢案件时应及时向保卫部门报案，以便保卫人员及时采取措施，追查犯罪嫌疑人。

通过以上措施，可以有效降低大学生财产安全的风险，保障他们的财产安全和个人安全。

（四）财产安全的应急处理

大学生出现财产安全问题时,应采取以下紧急处置措施:

1. 保持冷静

首先要保持冷静,不要慌张或惊慌失措,冷静思考应对措施。

2. 确认情况

尽快确认财产安全问题的具体情况,包括财物丢失或被盗数额、贵重物品被损坏程度、失窃地点等,以便采取下一步措施。

3. 报警求助

如果财产安全问题严重或涉及违法犯罪行为,应立即报警求助,向校园安保部门或警方报案,协助调查处理。如遗失了重要证件,应及时通知学校有关部门,如学生处或辅导员,向他们寻求帮助和支持,尽快补办相关手续。如自行车被盗或贵重物品遗失,可向校园或周边社区的安保人员、管理人员或店主求助,寻求支持和协助。

4. 做好补救

如手机丢失,应尽快备份重要信息,如联系人、照片、文件等,以防止信息泄露或被滥用。在报警和通知相关部门后,可以自行进行初步调查,收集相关证据,如目击者证言、监控录像等,有助于事后追查和处理。

5. 总结教训

针对财产安全问题的发生,应及时总结经验教训,加强对财产的保管和管理,预防未来类似风险的发生。

综上所述,大学生出现财产安全问题时应及时采取紧急处置措施,保障自身权益,并尽可能减少损失。同时,也要注意预防措施,加强对财产的保护和管理,提高应对突发情况的能力。

二、实例启智促安全

(一)财物被盗实例

1. 实例描述

刘某是某高校的一名大三学生。一天,一位之前做兼职时认识的葛姓朋友从外地来找他,刘某碍于朋友面子接待了他。葛某也很大方,又是请客,又是叙旧,于是顺理成章,晚上刘某就把葛某留在了自己的寝室住。这一住就是十多天,白天刘某和他的同学去上课,葛某要么睡觉、要么上网,加上人也热情,和寝室里的其他同学关系也不错。可到第十二天时,葛某突然不见了,一起不见的还有寝室里周某和何某的两台笔记本电脑。刘某这才大呼上当,一查发现自己的存折也不见了,存折内的六千多元现金也不见踪影。报案后,当问起葛某的具体情况时,刘某也是一知半解,甚至连葛某是否用的是假名也不得而知。

2. 实例分析

作为在校大学生,正常的社会交往是必不可少的,但要学会有选择地交往,不要盲目交友。上述案例中的刘某就是缺乏必要的辨识能力和安全防范意识,结果给自己及宿舍其他人员造成了财产损失。

(二)电话诈骗实例

1. 实例描述

某大学生小明接到一通陌生电话,对方自称是某银行工作人员,声称小明的银行账户出现异常,需要小明提供个人信息以核实身份。对方声称如果不立即提供信息,小明的账户将面临冻结或被盗刷的风险。小明信以为真,便提供了自己的姓名、身份证号码、银行卡号等信息。

2. 实例分析

(1)诈骗手段。电话诈骗是犯罪分子常用的手段之一,通过冒充银行工作人员或其他合法机构的工作人员,以虚假的理由诱导受害人提供个人信息或转账操作,达到非法获取财物的目的。

（2）受害人心理。受害人常常因为对所谓"权威机构"的信任而上当受骗，尤其是在接到"警告"或"紧急处理"的电话时容易感到恐慌，缺乏冷静思考，从而轻信对方的话语。

（3）诈骗后果。小明提供了个人信息后，诈骗者可以利用这些信息进行各种形式的诈骗活动，包括盗取银行账户资金、进行网络购物消费等，给小明带来财产损失和个人信息泄露的风险。

（4）防范建议。对于类似电话诈骗，应该保持冷静，核实对方身份，不轻信陌生人提供的信息和要求，特别是不向对方提供个人信息；可以通过拨打官方电话或与银行工作人员面对面核实情况。

三、思考与研讨

（1）大学生可能遇到哪些财产安全问题？结合自己遇到或听说的事例，分析造成问题的原因。

（2）面对新兴科技带来的风险，例如网络诈骗、AI换脸等，谈谈如何有效防范和应对此类新型财产安全问题。

第三节　心理安全

在当今社会，心理健康作为个体全面发展的基石和重要组成部分，其重要性不容忽视。习近平总书记在党的二十大报告中明确指出："要高度重视心理健康和精神卫生工作。"当代大学生作为新时代的主力军，他们朝气蓬勃、健康向上，具备较好的身心素质和人格基础，普遍追求自身的全面发展，并渴望发掘自身的潜能，以实现个人成长与成才。然而，在升学、就业、人际交往、经济生活等多重压力下，青年学生中心理不适的现象逐渐增多，部分大学生出现了抑郁、焦虑、偏执、困惑等心理问题。甚至有少数学生表现出严重的心理问题和精神疾患，这些问题已引起社会各界的广泛关注。

鉴于此，加强大学生心理安全教育，引导他们进行心理品质修养和锻炼，已成为当前学校心理健康教育工作的重中之重。2023 年,教育部、国家卫生健康委等 17 部门联合制定《全面加强和改进新时代学生心理健康工作专项行动计划(2023—2025 年)》,标志着我国将加强学生心理健康工作上升为一项国家战略。这充分体现了国家对青少年心理健康问题的重视,也彰显了国家对心理健康教育工作的支持力度。

一、安全知识面面观

在心理学领域,我们通常不会使用如"不正常"这样的词汇,而是采用更精确的术语,有助于我们以一种更为客观和尊重个体的方式来理解和讨论心理健康和心理安全状况。因此,我们有必要了解安全与心理健康的相关知识。

(一)心理安全的界定

心理安全是指个体在特定环境中感觉到的安全感,使其能够表达自己的想法和情感,而不必担心负面后果。这一概念最初由心理学家埃德蒙森(Edmondson)在 1999 年提出,主要应用于工作环境中,但其原理同样适用于教育环境,尤其是高等教育。心理安全的重要性毋庸置疑,它会显著影响个体的社会功能表现。在大学环境中,心理安全可以促进学生积极参与学术研究和人际社交,降低心理压力和增强学习效果。

心理安全与心理健康密切相关,有时二者可以相互替代使用,但严格来说两者并不完全相同。心理健康涉及个体的情感、心理和认知等要素是否协调一致,个体的心理机能和社会功能是否完整,是否具备良好的社会适应能力,而心理安全则更侧重于个体对环境的感知以及环境对个体心理状态的支持程度。心理安全的个体,其心理健康水平是良好的,而心理健康的个体,其心理安全水平是较高的。心理是否安全受环境影响较大,同时叠加个体心理健康因素,心理安全的环境可以减少心理健康问题,如焦虑和抑郁,因为它能够提供一个支持性和无评判的空间,让学生可以自由地表达自己的担忧和压力。反之,缺乏心理安全的环境可能加剧心理压力,阻碍学生的学术表现和社交互动。同理,个体的心理健康状态也会影响学生对环境中心理安全的感知。心理健康状况较差的个体可能会更加敏感和多疑，感觉到的心理安全程度可能较低。因此，个体心理健康状况（如正常还是异常）和个性人格等因素是个体心理安全感的内因，环境因素则是个体心理安全与否的外因。因此，我们有必要了解心理健康与异常的相关知识。

（二）心理安全的外部影响因素

对于大学生来说，心理安全与否主要涉及个体的内在因素和外部因素。在外部因素中，核心要素包括能否创建一个支持性环境，使得学生能够在没有恐惧的情况下表达自己、学习和成长。以下是大学生心理安全的几个关键外部要素，这些要素对于促进其学术成功和个人发展至关重要：

1. 开放性与互相尊重

学生所在的学校和环境是否能够培养一种文化：尊重和包容各种背景和观点的学生，做到尊重不同的地域、种族、性别、文化和宗教背景。开放与支持的环境能够提供给学生安全感；在教师与学生的互动方面，教师如果能够鼓励学生表达自己的想法，并对学生的贡献给予积极反馈，那么教师的开放态度可以显著提高学生的心理安全感。

2. 是否允许失败

学生所处的环境能否帮助学生正视失败，是否能够建立支持性的评估系统，鼓励学生从整体上看待自己的进步，让学生不担心自己因为一次失败而害怕不已。在家庭环境中，家庭成员是否能够允许失败发生，是否能够提供足够的支持和理解，对于学生心理安全水平有较大的影响。

3. 沟通是否畅通无阻

学生所处的环境是否能够保障学生全面、清晰地了解所有关键信息及政策框架，提供的信息是否涵盖详细的教学安排、明确的评分标准以及全方位的支持服务体系，是否构建了高效且积极的反馈体系，共同促进教学环境的持续优化,促进教师和学生之间的相互沟通。这些都能够影响学生的心理安全感。

4. 情感关怀与支持

大学校园如果能够作为学生的心理健康守护者,提供包括心理咨询、压力应对工作坊及紧急危机干预在内的全方位心理支持服务,鼓励学生积极融入各类学生组织和社团,为学生筑起坚实的心理防线,那么不仅可以为学生提供交流互动的平台,还能帮助他们获取情感慰藉、增强归属感,增加心理安全感的获得。

5. 成长环境是否安全

学生所处的环境是否能够保障学生安心学习和生活,是否注重网络安全防护,严密保护学生的个人信息,有效遏制网络欺凌现象的发生;学生所生活的宿舍场所是否存在冲突并得到解决等,是学生心理安全感能否增强的重要影响因素。

(三)心理安全的内在影响因素

影响大学生心理安全的内在影响因素,主要包括个体的个性特征、认知风格以及情感调节能力等方面。这些因素在个体层面上影响着人们如何感知和响应他们自身的状况,以及所处环境的心理安全程度。

1. 个性特征

个性特征主要包括自我效能感和人格特质两个方面。自我效能感是个体对自身能力的信心的感觉和判断,效能感的高低程度会显著影响个体在团队或组织中的行为。高自我效能感的人更可能在感到心理安全的环境中积极参与,甚至是对低效能感的人感觉不安全的环境中投入。在人格特质方面,如果个体具备某些人格特质如开放性、宜人性等,会对个体在社交互动中感知安全有重要影响。例如,在同样的外部环境中,高宜人性的人可能更容易在团队中建立信任感,而高神经质性的人可能更容易感到焦虑和不安。

2. 认知风格

认知风格可以分为乐观主义与悲观主义两种。乐观主义者倾向于对困难持有积极的态度，即使遇到困难也有解决的决心，这有助于他们在面对挑战时保持心理安全感。相反，悲观主义者可能容易预想负面结果的出现，在本质上安全的环境中也容易感到不安。另外，认知风格中的认知灵活性也会对个体的心理安全产生影响，认知灵活性高的个体能够从不同角度看待问题，更容易适应环境变化，这有助于在变动的社会和工作环境中维持心理安全。

3. 情绪调节能力

个体是否具有良好的情绪调节能力会影响个体的心理安全水平。具有高情绪调节能力的个体更擅长识别和管理自己及他人的情绪，可以帮助他们在潜在的冲突或压力环境中维持心理安全感。个体采用的问题应对策略也显著影响其心理安全感水平。例如，面对挑战时采用积极应对（如寻求支持和解决问题）的人，相比于采用消极应对策略（如避免和否认）的人，更能感受到心理安全。

4. 早期经验与社会化

精神分析和家庭理论来看，个体的早期社会化经验，如家庭环境和教育背景，也会影响他们的心理安全感。在一个支持和积极的早期环境中长大的人，可能更容易在成人生活中感受到和维持心理安全。相反，如果在早期环境中经常遭遇挫败和羞辱，则更容易在相同的情境中感受到恐惧。

（四）心理健康与异常对心理安全的影响

心理健康状态对个体感受到的心理安全具有深远的影响。在一个心理健康的状态下，个体通常能够更好地感受到并利用他们所处环境的心理安全，而心理健康问题则可能削弱这种感受，甚至在客观上安全的环境中感到不安。

当个体心理健康状况良好时，通常拥有较高的自我效能感和更强的适应能力，这使得他们能够在面对挑战和压力时展现出更多的韧性。在这种状态下，个体更有可能感觉到安全，敢于表达自己的意见、提出问题，以及探索新的想法。也更容易建立信任,与他人建立正面的人际关系,这些都是心理安全环境的关键组成部分。

相反,如果个体遭受心理健康问题,表现出心理异常,如焦虑、抑郁或其他情绪障碍时,他们的心理安全感受可能会大为不同。心理健康问题可能导致个体在社交和专业场合中感到过度的自我意识、恐惧或疑虑。例如,抑郁症个体可能会因为担心被负面评价而不愿表达自己的想法。焦虑症的个体可能对日常互动过度担忧,感到在团队中不被支持或理解,可能会影响个体与他人的交往,导致孤立和缺乏社会支持,这些都是心理安全的重要因素。面对生活中的挑战和压力,心理不健康(心理异常)的个体可能无法有效地应对和适应,导致各种心理问题,这些问题会削弱个体的心理安全感;心理不健康的个体可能对自己的能力和价值有扭曲的认知,这种认知可能会减少他们面对挑战时的自信和安全感。

1. 心理健康的界定与标准

个体的身体健康状况有明确的判定标准,同样地,个体的心理健康也有一套详细的判定标准。当我们掌握了这些衡量心理健康的标准,便能够以此为依据,对照自身的状况进行心理健康的自我评估。但值得注意的是,自我评估虽然能为我们提供一定的参考,但其准确性有限,具体的诊断仍需要由专业的心理健康人员进行。

心理健康是指个体能够保持一种持续且积极发展的心理状态。在这种状态下,我们能够良好地适应周围环境,并充分发挥自己的身心潜能。当我们发现自己的心理状况在某些方面与心理健康标准存在差距时,便可以有针对性地寻求解决方案,努力提升自己的心理素质,进而达到更高的心理健康水平。而一旦发现自己的心理状态严重偏离心理健康标准,就应及时寻求心理咨询和治疗,以维护自身的心理健康。

在探讨心理健康的标准时,我们可以借鉴美国心理学家马斯洛(Maslow)和米特尔曼(Mittelman)提出的心理健康的 10 条标准,这被公认为是心理健康

的"经典标准"。[1] 这些标准涵盖了心理健康的多个方面,为我们提供了一个全面而深入的视角:

- 充分的安全感
- 充分了解自己,并对自己的能力作适当的估价
- 生活的目标切合实际
- 与现实的环境保持接触
- 能保持人格的完整与和谐
- 具有从经验中学习的能力
- 能保持良好的人际关系
- 适度的情绪表达与控制
- 在不违背社会规范的条件下,对个人的基本需要做恰当的满足
- 在集体要求的前提下,较好地发挥自己的个性

我们可以对照上述标准进行自我评估,对于大学生来说,除了上述标准外,还要能够保持自我认知、情绪体验和自我控制等方面的协调统一,行为表现符合年龄特征,并能够将自己与他人、社会联系在一起。

2. 心理异常的界定与标准

心理异常的表现形式多种多样,可以是情绪上的波动、认知上的偏差、行为上的异常,也可以是个性上的显著偏离。这些异常现象在一定程度上可以从轻微的心理不适到严重的精神疾病不等,构成了一个从健康到病态的连续谱。在这个连续谱上,个体的心理健康状况可能会随着时间和境遇的变化而发生左右摆动,呈现出不同程度的心理异常。[2]

尽管没有一个普遍接受的定义,但学者们通过研究归纳出了一些共同的特征,这些特征包括:行为的偏离、情感的痛苦、潜在的危险行为、心理和社会功能的损害、人格特征的改变以及非社会文化所预期的。

---

1 黄小梅.大学生心理健康教育(第2版)[M].北京:人民邮电出版社,2017.
2 马前广.当代大学生人格困境与超越[M].北京:社会科学文献出版社,2017.

（1）偏离正常。行为是个体内在心理状态的外显，反映其思维与情感。当思维和情感异常时，行为也会表现出异常迹象。另外，评估行为是否正常需考虑文化和社会环境影响。行为的社会接受度因环境和文化而异，所以评价行为偏离需考虑个体生活经历和具体情境，进行全面分析以判断行为的适当性。

（2）痛苦体验。即包含不悦、不适与烦忧的情绪情感状态，常作为心理活动异常的显著标志。如果某些痛苦的情绪体验过度深刻、持续时间过长，或者情绪体验与环境刺激不符，往往被看成是心理异常的指标。

（3）危险性。在日常生活中，个体的行为通常处于安全、无害的范畴内。然而，当某人的行为展现出危险性特征时，诸如粗鲁、敌意、冲动、攻击性，或是自我伤害、自残乃至自杀的意图，这标志着其行为已偏离社会公认的正常轨道。此类行为对个体及他人的生命与财产安全构成了显著或潜在的危害。

（4）功能失常。异常行为通常伴随着功能失调或适应不良的现象。在正常情况下，人的行为具备清晰的目的性和效率性，能够高效地达成个人目标。然而，一旦个体的行为目的变得模糊、效率下降甚至完全丧失，其行为即会显现为无效，进而表现出功能失调或在适应环境方面的困境。这种失调可能具体表现为日常生活技能的退化、对他人的照料更加依赖、工作效率的显著降低，以及人际交往能力的减弱。通常而言，轻微的心理问题可能仅导致功能轻度受损，尚不足以对正常工作、学习和生活造成显著影响。然而，当个体的行为紊乱至无法维持日常生活、工作或学习的基本需求时，这往往预示着心理异常已较严重，亟需专业的关注与干预。

（5）人格改变。人格的稳定性是衡量个体心理健康的关键指标，具有深远的意义。正如古语所云："江山易改，秉性难移。"此言恰如其分地揭示了人格一旦发展成熟，其特性往往能够跨越时间的长河，保持相对稳定的态势，不易发生显著变迁。因此，当个体的性格特征出现显著的波动或变化时，这往往被视为其心理活动可能偏离常态的重要信号。

（6）非社会文化所预期的。心理异常还需要考虑其内在和外在表现是否为社会文化所预期的。通常心理异常的个体在其文化背景中表现出与期望的、正常的行为、情感或认知模式显著不同的特点。[1]　这些特点被认为是异常的，因为它们不符合那个文化环境内大多数人的行为规范或心理健康标准。

　　在不同文化中，人们对于何为正常和异常的看法可能差别很大。例如，在某些社会，强烈表达情感可能被看作是正常的，而在其他社会则可能被视为过于情绪化或不稳定。在异常心理学中，心理异常在很大程度上是由文化定义的。同一种行为在一个文化中可能被视为疾病，在另一个文化中却可能被视为神圣的体验或是常态。因此，当从非文化所预期的角度考虑异常时，需要注意避免以单一文化标准来评判不同文化背景下的行为。即使在多元社会中，依然存在某种程度的"文化强制性"，这意味着某些行为被视为理所当然，而与之相左的行为可能被视作异常。个体如果因心理差异而无法满足这些文化期待，可能会被贴上"异常"的标签。在某些文化中，非常规或创新的行为可能被鼓励，甚至被视作是有价值的。在其他文化中，这些行为则可能被认为是不恰当的，甚至是异常的。

（五）心理安全的风险防范

　　大学生在校园生活中面临多重压力，确保心理安全和健康显得尤为重要。识别和应对各种心理问题，建立一个支持系统，是保障心理安全的关键。大学生作为心理健康和心理安全的第一责任人，可以通过观察自己的日常行为、情感表达、思维模式、社交互动等方面来获取信息，及时识别和发现影响心理安全的心理异常因素。以下是一些具体的可关注的因素。

1. 情绪波动

　　注意自己是否有异常大的情绪波动或情绪反应不符合当前情境，例如在轻微的刺激下产生强烈情绪反应。

2. 行为变化

　　观察自己是否有明显的行为改变，例如卫生习惯变化、衣着整洁度下降、经

1　[美]David H. Barlow，V. Mark Durand. 异常心理学(第四版)[M]. 杨霞，等译. 北京：中国轻工业出版社，2006.

常缺席课堂或工作。

3. 认知功能

分析自己的思维过程是否出现问题，例如集中注意力困难、记忆力下降或判断力减弱。

4. 社交功能

关注自己是否对于以往喜欢的社交活动失去兴趣，或是退缩、孤立。

5. 心理压力的身体表现

关注自己是否有躯体症状，例如频繁的头痛、胃痛、乏力或其他没有明显身体原因的躯体症状。

6. 自我隔离

看看自己是否避免与亲朋好友的接触，倾向于独处。

7. 思维内容

觉察自己是否会表达出负面的、悲观的、绝望的或自我毁灭性的想法。

8. 性格变化

与以往相比，自己的个性是否发生明显变化，如从外向变得内向、从积极变得消极等。

9. 风险行为

关注自己是否已经开始从事高风险行为，如无防护的危险运动、不安全性行为或滥用药物。

10. 学习表现

对照以往成绩和表现，是否出现了成绩下滑，对学习失去兴趣，或是无法完成学业任务。

大学生自身在识别心理异常时，也可以使用标准化量表和诊断工具，同时结合临床经验和知识进行判定。这样我们可以有效识别心理问题的早期信号，并采取积极的措施来保障心理安全，维护身心健康。但我们要注意的是，自己的观察不能替代诊断,但可以作为确保心理安全的重要途径。

(六) 心理安全的应急处理

大学生维护心理安全的一般策略如下:

1. 构建稳固的支持体系

与亲密的朋友和家人保持密切联系,真诚地分享自己的感受与内心的困扰。这不仅有助于情绪的宣泄,还能收获宝贵的建议与安慰。积极投身于校园内的各类学生社团或兴趣小组中,通过多样化的活动拓展自己的社交圈,寻找与自己心灵相通、志趣相投的伙伴。

2. 积极寻求专业指导

面对心理困扰时,切勿独自承受。应及时向学校的心理咨询中心或专业心理医生寻求帮助,接受专业的心理评估与咨询,以便更准确地了解自己的心理状态并找到合适的解决之道。此外,还应积极参与心理健康讲座或工作坊,不断丰富自己的心理健康知识,学习更多有效的应对技巧。

3. 加强自我关爱与照顾

保持健康的生活方式对于维护心理安全至关重要。要注重均衡饮食,确保身体获得充足的营养;保持规律的作息习惯,让身体得到充分的休息与恢复;同时,还要坚持适量的运动,以增强体质并释放压力。还可以尝试一些放松技巧,如冥想、深呼吸和瑜伽等,它们有助于缓解紧张情绪、减轻压力。

4. 设定合理且可实现的目标

在制定学业和生活目标时,要确保它们既具有挑战性又切实可行。过高的期望往往会给自己带来巨大的压力与挫败感。还要学会时间管理技巧,合理安排学习与娱乐时间,确保工作与生活之间的平衡与和谐。

5. 保持积极向上的心态

心态决定命运。要学会关注生活中的积极面,保持乐观向上的心态。可以培养一些兴趣爱好来丰富自己的生活内容、增添生活乐趣;在遇到困难与挫折时也要学会自我接纳与鼓励,避免过度自责与消极情绪的影响。

6. 营造安全舒适的学习与生活环境

确保自己的生活和学习环境安全、舒适且充满正能量。减少外界不必要的干扰与诱惑;在遇到困扰与难题时及时向信任的师长、导师或辅导员寻求建议与支持;让自己始终处于一个有利于身心健康发展的良好环境中。

二、实例启智促安全

(一)实例描述

小木是一名在校大学生,表面上是个活跃并受欢迎的个体,但他却秘密地患有偷窥癖。这种冲动最初源自青春期的好奇,逐渐演变成一种难以控制的行为。他会寻找机会偷偷窥视女性宿舍的窗户,尽管他知道这是不当行为,但内心的冲动让他难以自拔。这种强迫的偷窥欲望逐渐地侵蚀着他的日常生活,牺牲了社交活动与学业表现,甚至在考试前夕也会被这种冲动所吞噬。小木深知这样的行为不仅有潜在的风险,还背离道德,但心头的重压和困惑使他无法与他人分享,只能暗自忍受这隐秘的痛苦。

一天晚上,小木再次屈服于内心深处的冲动,偷偷潜至女生宿舍区。他寻找了一个能够让他隐蔽观看的角落,但正当他试图一探究竟时,意外被宿舍的保安发现并当场抓获。学校随即对此事进行了调查,并通知了小木的家人,同时安排小木到精神卫生中心进行评估诊断。面对公开的羞耻感和潜在的学业以及法律后果,小木感到一种前所未有的压力、恐惧和不安全感。他不仅要面对自己行为的后果,还必须在心理专业人员的帮助下寻找控制偷窥欲望的方法,并学习如何改变这一行为,恢复正常生活。学校采取了既包含纪律处分,也充满关怀的处理措施,一方面确保校园安全和宿舍学生的隐私不再受侵犯,另一方面支持小木的心理康复进程。

（二）实例分析

对于大学生来说，小木的例子可以在法律层面和心理层面给我们提供几点启示。

1. 法律层面的启示

（1）行为后果：任何个体的行为都受到法律规范的约束，偷窥行为在大多数地方被认为是犯罪行为，会带来严重的法律后果，包括但不限于罚款、刑事记录，甚至监禁。虽然有时候法律会考虑个体精神健康状况，但仍需要担负一定的法律责任。

（2）隐私权的重要性：隐私权是人格权的重要组成部分，个人的隐私权是法律保护的重要内容。侵犯他人隐私，如未经允许偷窥他人私人生活，会被视为对隐私权的严重侵犯。

（3）遵守校规：高校通常有明确的校规禁止不当行为。违反校规不仅会受到学校的惩处，还可能会被移送相关法律部门处理。

2. 心理层面的启示

（1）心理健康的重要性：小木的例子凸显了心理健康问题的严重性。根据医生的评估诊断，他的偷窥癖可能是一个更深层次心理健康问题的症状，这种症状在精神卫生诊断中被认为是性欲倒错，是一种心理障碍。

（2）主动寻求帮助：当大学生面对各类心理问题时，应勇于求助，寻找专业心理医生进行咨询和治疗。提前寻求帮助有助于防止问题恶化。

（3）减少负面刻板印象：社会常对心理问题持有刻板观念，导致个体不敢寻求帮助。小木的案例说明了需要减少这种负面刻板印象，以帮助当事人走出阴影。

（4）教育和预防：高校及社会应当提供更多关于心理健康的教育和宣传，帮助学生理解和识别潜在的心理问题，并提供预防策略和资源。

三、思考与研讨

（1）心理安全与心理健康的关系是什么？它们如何影响大学生的日常生

活和学习表现?

（2）大学生的心理安全感受哪些外部和内部因素的影响？你认为学校可以采取哪些措施来提高学生的心理安全感？

（3）如何识别处于心理危机中的学生？

第二章

校园安全

本章从消防安全、实验室安全两个部分来讲解大学生的校园安全。

第一节　消防安全

火给人们带来光明和温暖,推动了人类文明和社会的进步。但火一旦失去控制,酿成火灾,就会给人们的生命财产造成巨大损失。为了帮助广大学生增强消防安全意识,明确消防安全责任,了解消防安全常识,掌握灭火、疏散、逃生的技能,提高自防自救能力,各大高校均有必要开设消防知识学习课程。本节通过知识介绍和实例分析,敲响校园消防安全的警钟,给大学生提供启示,提升大学生的消防安全意识和能力。

一、安全知识面面观

消防安全涉及预防火灾和逃生,以及在火灾发生时有效地进行灭火和救援。它是一种综合的概念,包括多种因素:预防措施、火灾报警系统、灭火设备、逃生计划、员工培训、建筑物防火设计、法律法规等。综合来看,消防安全的概念涵盖了预防、应急响应和救援等多个方面,旨在最大程度地保护人们的生命财产安全。通过对消防安全知识的学习,广大学生应做到"三懂、三会",即懂火灾的危害性、懂火灾的扑救方法、懂预防火灾的措施;会报火警、会使用灭火器、会逃生自救。

(一) 火灾的危害

火灾是在时间、空间上失去控制的燃烧现象所造成的灾害。火灾具有极大的破坏力。在同学们生活的美丽校园里,火灾也时有发生,给大学生生命财产造成了严重损害。一场火灾可以在瞬间焚毁大量的物质财富,甚至危及人们的生命安全。火灾的发生,有可能是雷电等自然原因,但更多的是由于人们缺乏安全意识和防范措施,或是因火灾初发时处置不当,造成灾情的扩大。

(二) 常见的火灾隐患

校园火灾大多发生在学生宿舍中,宿舍的火灾隐患主要有以下几种:

1. 乱扔烟头

烟燃烧时中心部位温度高达 700—800℃,烟头的表面温度可达 200—300℃。纸、棉花、布匹等大多数可燃物的燃点均低于这个温度。根据试验,烟头引起棉絮着火的时间只需 3—7 分钟,引起腈纶着火更短,只需 1 分钟左右。由此可见,烟头虽小,潜在的危险性却很大。

2. 使用明火

在日常生活中,我们用到蜡烛的机会越来越少,但在高校中,偶尔停电时,许多学生会用蜡烛来照明;还有一些学生违反作息规定,在熄灯后点蜡烛看书。火苗因自然风或蜡烛倾倒、燃尽而接触到蚊帐、衣服、书籍等易燃物品,极易引发火灾。

3. 乱接电源

宿舍内电源线众多,私拉乱接电线容易导致划破绝缘层造成线路短路,或因接触不良发热引起火灾。

4. 使用大功率电器或劣质电器

高校宿舍内的线路是按日常照明、使用小功率电器等情况而设计的。如果在宿舍使用热得快、电饭煲等大功率电器,很容易使电线超负荷,从而造成电线短路引起火灾。劣质电器由于质量差,存在爆炸等安全隐患,也容易引起火灾。

(三)火灾的风险防范

我国消防工作的方针是"预防为主,防消结合"。人人都应该遵守《中华人民共和国消防法》,用自己掌握的消防知识保护公私财物的安全。

1. 注意易燃易爆危险物品

易燃易爆危险物品在大学生的学习和生活中经常会被用到。在实验室,我们能接触到液氢、乙醚、金属钠等物品;在生活中,我们常常接触到液化气、汽油、酒精、油漆等物品。易燃易爆危险物品以固体、液体和气体三种形态广泛存在于我们的身边,不仅品种繁多,还具有各不相同的物理化学特性,在受热、摩擦、震动、撞击、接触火源、日光暴晒、遇水受潮、接触空气以及与特定物品混放在一起等各种条件的作用下,会引起燃烧或爆炸,这就要求我们了解日常生活中常见易燃易爆危险物品的性质。

2. 掌握消防安全知识

学生应该了解火灾的危害和预防措施,学习如何正确使用灭火器和应急逃生技巧。

(1)无论在什么时候、什么地方,一旦发现火险,都要迅速报警。

(2)火灾发生时,要把保护生命放在第一位。学习掌握火灾中逃生的技巧。在不能迅速有效灭火时,要迅速撤离火灾现场,避免伤亡。

(3)要学习使用灭火器、消火栓等专用灭火工具和设备灭火。平时应观察这些消防器材所在的位置,学习怎样使用这些消防器材。

(4)要严格遵守学校的各项安全防范规定,严禁在学生宿舍使用带有明火的照明工具。

3. 遵守消防规定

学生要遵守学校和宿舍的消防规定,不违反使用电器、明火等相关规定。

(1) 不擅自拆改消防设施。

(2) 不要在宿舍内使用电磁炉、热得快和电热毯等功率大、安全性低的电器。

(3) 不要在宿舍内乱接电线,不超负荷插接电源。

(4) 不要贪图便宜而购买、使用伪劣接线板等电器产品。

(5) 养成使用完电器后随手断开电源和人走灯灭的用电习惯。

4. 定期检查消防设施

学校应定期检查宿舍和公共场所的消防设施,如灭火器、消火栓等是否正常运作,如有问题及时修复。

5. 注意食堂用火安全

食堂在使用电热器、电饭煲等电器时要注意安全,不在没有人看管的情况下使用这些电器,避免烟雾探测器误报火警。

(四) 火灾的应急处置

当发生火灾时,火场里的被困者能否顺利逃生固然与火势的大小、起火时间、楼层高度,以及建筑物内有无报警、排烟、灭火设施等客观因素有关,但主要还是取决于被困者自救能力的强弱,以及被困者是否懂得逃生的步骤和方法等主观因素。

1. 保持冷静

在实施自救行动之前,一定要强制自己保持头脑冷静,根据周围和各种客观条件选择正确的自救方式。快速判明危险地点和安全地点,决定逃生的办法,千万不要盲目地跟从人流、相互拥挤、乱冲乱撞。火势的发展、烟雾的蔓延是有一定规律的,火场情况也是千变万化的,被浓烟烈火围困的人员,一定要抓住有利时机,就近利用一切可以利用的工具、物品,想方设法迅速撤离火灾危险区。

2. 火场逃生

在众多人员被大火围困的时候，一个人的正确行为，往往能带动更多人的跟随，可以极大地减少甚至避免人员的伤亡。因此，大家只有了解和掌握了火场逃生的基本原则，即安全撤离与救助结合，才能在突遇火灾侵袭的时候从熊熊烈焰中顺利逃生。

面对突然发生的火灾，应该努力自救。若不懂得逃生技巧，惊慌失措、束手无策、盲目跟从，就可能错过最佳的逃生时机，命丧火海。掌握一定的火场逃生技巧，关键时刻可以保住性命。

（1）要熟悉环境。平常务必留心疏散通道、安全出口及楼梯的方位。当大火燃起、浓烟密布时，利用疏散通道尽快逃离现场。撤离时，要注意朝建筑物的安全疏散出口或外面的空旷地方跑。当火势不大时，要尽量往楼层下面跑，若通道被烟火封阻，则应背对着烟火方向离开，逃到天台、阳台处。切不可乘坐电梯。

（2）应做好简易防护。最简易的方法是用打湿的毛巾、口罩捂鼻，用水浇身，匍匐前进。因为燃烧产生的粉尘与有毒有害气体会随热气流上升，浮于空气上方，贴近地面逃离是避免吸入有害物质的最佳方法。

（3）高楼内火灾逃生技巧。如果着火点位于自己所处位置的上层，此时应向楼下逃去，直至到达安全地点；如果着火点位于自己所处位置的下层，且火和烟雾已封锁向下逃生的通道，应尽快往楼上逃生，楼顶平台是一个比较安全的场所，如楼顶有水箱，可用水浇湿自己的衣服，以抵御火焰的高温熏烤。

如果在向楼顶平台逃生的过程中，发现自己被封锁了向上的通道，又被火焰和烟雾截断了退路，此时应果断地改选横向逃生路线，从另一层楼的走廊通道逃生，或退守到该层有利于逃避的房间内，寻求其他的自救方法。

3. 寻求援助

（1）大火来袭，固守待援。大火袭近时，假如用手摸房门已感到烫手，此时千万不可开门,应关紧门窗,用湿毛巾、湿布塞堵门缝,或用水浸湿棉被,蒙上门窗,防止烟火渗入,等待救援人员到来。

（2）发出信号,寻求救援。在逃生无门的情况下,应冷静地等待救援人员并为搜救创造有利条件。被困者要尽量待在阳台、窗口等易于被人发现和能避免烟火近身的地方,及时发出求救信号,引起救援人员的注意。在将要失去知觉的时候应努力翻滚到墙边,便于消防人员寻找、营救,因为消防人员进入室内一般都是沿着墙壁摸索前进的。

二、实例启智促安全

（一）实例描述

2024年3月,上海某民办高校一学生宿舍发生火灾,所幸火灾未造成人员伤亡。火灾发生时,该宿舍窗口先有烟雾冒出,随着宿舍内火势发展,很快有明火从宿舍阳台处蹿出,现场浓烟滚滚。发现火情后,现场有人立即开展灭火工作,同时有人拨打报警电话。经查明,火灾系由锂电池充电宝充电时突发爆燃并引燃窗帘、床帘等物品导致。

（二）实例分析

充电宝作为现代人日常不可或缺的物品,是给手机"续命"的灵丹妙药,但若是使用不当,充电宝可能也会变成"充电爆"。

1. 充电宝起火、爆炸的主要原因

（1）过充。根据充电器充电电流、充电宝容量不同,充电宝充满电一般需要几小时甚至更长时间。如果忘记拔充电器,或整天整夜充电,这种情况就叫过充电。正规的充电宝除了能实现给智能设备充电外,还应配备稳压电路、过充保护电路、过放保护电路、短路保护电路、温控保护电路等保护电路。而劣质充电宝的保护电路都是没有的,长时间过充有可能导致着火爆炸。

（2）摔、碰、挤压、针刺。如果充电宝的外壳质量不过关,一旦发生挤压、冲

击、针刺或者磕碰跌落,充电宝内部电路和电芯出现短路、电芯漏液等问题,从而发生剧烈反应,造成冒烟、起火、爆炸等等严重的后果。

（3）过热。充电宝充电时放在被子、盒子等不利于散热的环境,或者将充电宝放置于太阳下等高温区域,都有可能引发充电宝的自燃爆炸。充电宝的最佳使用温度是 0—40℃。充电宝平时应该存放在温度适中、干燥的地方,防止暴晒。

2. 正确使用充电宝注意事项

（1）购买正规产品。购买正规厂家生产的充电宝,正规厂商的商品包装上都会印有厂家信息、防伪码、条形码等信息,还要注意有无 CCC 或 CE 标志。不盲目选择大容量产品,选择中等体积的产品即可。

（2）存放妥当。充电宝存放在通风、干燥处,不要在暴晒或潮湿的环境中使用和存放,更不要接触火光。

（3）避免挤压、碰撞。平时携带充电宝时,要注意避免重压和强烈震动,以免出现短路情况导致烧毁引爆。充电宝一旦鼓包、漏液请不要使用。

（4）充电时不离人。充电宝在进行充电时,人员尽量不离开,确保有突发情况时可以及时处置。另外在充电宝进行充电时,不得放置在被褥、床单等可燃物上面。

（5）拒绝过充。不要长时间给充电宝充电,控制好充电时间,以减少爆炸几率和延长使用寿命。

（6）不超过使用年限。在品牌充电宝的一侧,通常有一个可循环使用标识,中间的数字代表充电宝里面电池的可循环使用年限。如果数字是 5,意味着充电电池的可循环使用年限为 5 年。充电电池作为消耗品,在频繁使用中超过了可循环使用年限的话,电池可能会出现异常,所以超过使用年限建议更换新充电宝。

3. 充电宝着火的处理方法

如果不幸在充电或是使用充电宝期间,发生起火爆炸的现象,请第一优先使用灭火器去灭火,因为充电宝通常是由内部锂电池开始燃烧,外面还有塑胶和金属外壳,只用水没有办法灭火,还可能引发二次爆炸。如果没有灭火器的话,可以使用湿布快速覆盖住行动电源,灭火的同时也能避免爆炸的碎片伤人,并立刻拨打求救电话,等待救援的同时,根据专业人士指示操作。

第二节 实验室安全

近年来,高校实验室安全事故频发,师生在实验过程中难免要接触一些易燃、易爆、有毒、有害、有腐蚀性的物品,且经常使用水、气、火、电等,潜藏着诸如爆炸、着火、中毒、灼伤、割伤、触电等事故风险。由于这些事故的发生常会带来严重的人身损害和财产损失,高校现在已把实验室安全教育纳入了学生培养环节。本节将从典型的高校实验室安全事故说起,分析常见的实验室安全问题,介绍实验室安全基本知识,帮助大学生提高实验室安全意识以及风险防范和应急处置的能力。

一、安全知识面面观

实验室安全是指在实验室环境中进行科学研究和实验工作时,确保人员、设备和环境都不受到伤害的一系列措施和规范。它涉及预防实验室事故、化学品泄漏、火灾、爆炸,以及对健康和环境的影响。

(一)常见的实验室安全问题

在高校校园里,实验室安全问题主要包括但不限于以下几种:

1. 化学品泄漏和毒气泄漏

不正确处理或存储化学品可能导致化学品泄漏,释放出有毒气体,对实验室人员和环境造成危害。

2. 粉尘爆炸

某些实验室操作可能会产生可燃粉尘,如果这些粉尘在空气中形成爆炸性浓度,可能引发爆炸事故。

3. 实验室失火

实验室中使用的设备、化学品或电气设备可能因操作不当、故障或火源而引发火灾,造成严重的人员伤害和设备损坏。

4. 电气安全问题

实验室中使用的电气设备可能存在漏电、短路等问题,可能导致电击事故或火灾。

5. 个人防护不当

实验人员可能未正确佩戴个人防护装备,如护目镜、手套、实验服等,增加了受伤的风险。

6. 生物实验室安全

在进行生物实验时,可能存在生物安全风险,包括病原体传播、实验动物伤害等问题。

7. 化学废物处理不当

不正确处理或处置实验室产生的化学废物可能对环境和健康造成污染和危害。

(二) 实验室安全基本知识

1. 安全使用化学试剂

任何化学试剂接触到皮肤、黏膜、眼、呼吸器官时都要及时清洗,特别是对皮肤、黏膜、眼、呼吸器官有极强腐蚀性的化学试剂(不论是液体还是固体),如各种酸和碱、三氯化磷、氯化氧磷、溴苯酚、无水肼等。在使用前一定要了解接触到这些腐蚀性化学试剂后的急救处理方法。

2. 易燃易爆化学试剂的安全存放

一般将闪点在 25℃ 以下的化学试剂列入易燃化学试剂,它们多是极易挥发的液体,遇明火即可燃烧。闪点越低,越易燃烧。常见的闪点在 −4℃ 以下的有氯乙烷、凝乙烷、乙醚、汽油、二硫化碳、丙酮、苯、乙酸乙酯、乙酸甲酯等。使用易燃化学试剂时绝对不能使用明火,也不能直接用加热器加热,这类化学试剂应存放在阴凉通风处。放冰箱储存时要使用防爆冰箱,曾经发生过将乙醚存放在普通冰箱而爆炸引起火灾烧毁整个实验室的事故。在大量使用这类化学试剂的地方,一定要保持良好通风,所用电器一定要采用防爆电器,现场绝对不能有明火。

易燃试剂在激烈燃烧时也可引发爆炸。一些固体化学试剂,如硝化纤维、苦味酸、三硝基甲苯、三硝基苯、叠氮或重叠化合物等,本身就是易燃物,遇热或明火,它们极易燃烧或分解发生爆炸,在使用这些化学试剂时不能直接加热,而且要注意周围不要有明火。

一些固体化学试剂如金属钾、钠、锂、钙、氢化铝、电石等,遇水即可发生激烈反应,并放出大量热,也可发生爆炸。在使用这些化学试剂时一定要避免它们与水直接接触。使用易燃化学试剂的实验人员,要穿戴好必要的防护用具,最好戴上防护眼镜。

3. 避免发生爆炸事故

爆炸事故的原因有很多种,如人员违反操作规程引燃易燃物品、仪器设备或各种管线年久老化损坏、易燃易爆物品泄漏、遇火花引发爆炸等。高校教学科研中的实验很多都需要在强腐蚀、高温、高压、强磁、强电流、微波、辐射,或者乙炔、氢气等易燃或高压气体的特殊环境下进行,这些物质多数具有危险性,使用稍有不慎就极有可能引发安全事故,如火灾、爆炸、触电、中毒等。

(三)实验室安全的风险防范

如果掌握相关的实验室安全知识以及事故发生时的急救常识,就能够正确、安全地使用相应试剂及实验器械,从而尽可能地减少和避免实验室里安全事故的发生,即使在发生紧急事故时,也能够把伤害和损失减少到最低程度。做实验前要认真听教师讲解,并做好笔记;认真阅读有关要求、注意事项,熟悉工作环境,对可能遇到的危险有清醒的认识。做实验时严格遵守有关规章制度、安全技术操作规程,严格按步骤实施。发现问题及时向指导教师报告,避免安全责任事故的发生。

（1）进入实验室要穿戴整齐,禁止在实验室里吸烟、进食、喝饮料,禁止赤膊穿拖鞋,也不能穿钉了铁掌的皮鞋,以免摩擦起电。

（2）药品用量应遵守规定,不可擅自取用。取用药品或溶液之前,应先看清标示,避免发生不必要的化学反应;取用药品时瓶盖不可任意放置,应养成随手盖上的习惯;药品取用过量,千万不要再倒回瓶中。

（3）不要用手直接触碰药品或溶液;使用有毒药品时,除了要用到药匙、量器外,还必须佩戴橡胶手套。倾倒药品或溶液时,如果不慎泄漏,应立即用清水冲净容器外壁,再以抹布擦干。实验完毕,应立即清洗仪器用具,并用肥皂水洗手。如果皮肤接触到化学药品,应立刻清洗。

（4）在化学实验室里,应该一直佩戴护目镜,以防眼睛受到刺激性气体的熏染,同时还可防止任何化学药品,尤其是强酸、强碱、玻璃屑等异物进入眼内。眼睛接触到任何化学药品,都应该视为突发事件,应立刻用清水冲洗并紧急就医。

（5）尽量避免吸入任何药品或溶剂蒸气。处理硫化氢、二氧化氮、氯气、一氧化碳、二氧化硫、三氧化硫及浓硝酸、发烟硫酸、浓盐酸等具有刺激性、恶臭和有毒的化学药品时,必须在通风橱中进行。通风橱开启后,一定不要把头伸入橱内,并保持实验室通风良好。

（6）禁止用口吸吸管移取浓酸、浓碱、有毒液体,而应用洗耳球吸取;禁止冒险品尝药品试剂,更不得用鼻子直接嗅气体,而应用手向鼻孔扇入少量气体。

（7）不要用乙醇等有机溶剂擦洗溅在皮肤上的药品;严禁在酸性介质中使用氰化物。

（8）使用酒精灯时,千万不要互点,只能用教师给定的火柴点燃;酒精灯必须由灯帽盖灭,而不能用嘴吹灭。未经教师同意,不要对酒精灯做任何操作,以防烧伤皮肤,甚至发生酒精灯起火或爆炸的事件。

（9）做热学实验时,要注意防止烫伤。加热后的器材未冷却之前,千万不要用手触摸;对试管内的物体加热时,不要将管口对着自己或他人,以免管内物质沸腾,溅出来伤到人。

(10) 实验完毕,玻璃仪器的碎片应丢弃至指定位置,由专人回收处理;实验后剩余的溶液千万不可任意倾倒进水槽,而应倒入指定的废液回收桶,再由专人处理;用过的手套、塑胶滴管等抛弃式物品,应丢入垃圾桶,不能重复使用。

(11) 离开实验室前还应擦拭清洁桌面,整理干净,并检查瓦斯、电灯等的开关是否关上。

(四)实验室安全的应急处置

一旦发生实验室安全事故,需要根据不同类型的安全问题分别进行应急处置:

1. 危险化学品

(1) 若有毒、有腐蚀性的化学品泼溅在皮肤或衣物上,应迅速脱下衣物,用大量自来水冲洗,再根据化学品的性质采取相应的有效处理措施。

(2) 若有毒、有害物质泼溅或泄漏在工作台面或地面,处置人员应穿好专用防护服、隔绝式空气面具等必要防护用具后再进行处理。在确保人身安全的条件下用沙子、吸附材料、中和材料等进行初步处理,收集的泄漏物应运至应急废弃物处理场所进行无害化处理,残余物用大量水冲洗稀释。

(3) 若发生易燃、易爆化学品泄漏,泄漏区域附近应严禁火种,并切断电源。事故严重时,应立即设置隔离线,并通知附近人员撤离,同时报告保卫处、实验室与设备管理处。

2. 特殊设备

(1) 压力容器、压力管道发生泄漏,现场处置人员必须佩戴头盔、过滤式防毒面具或口罩、氧气呼吸器,进入现场关闭所有通气阀门或采取堵漏措施,将救出人员抬至通风处进行现场救护,中毒严重者应立即送医院。

(2) 钢瓶气体泄漏时应立即关闭阀门,对可燃气体用干砂、二氧化碳或干粉等灭火器进行灭火,同时设置隔离带以防火灾事故蔓延。对受伤人员立即实行现场救护。

（3）气体钢瓶中有毒气体泄漏时，抢险人员须佩戴防毒面具或氧气呼吸器等进入现场处理事故和救援。

（4）使用氯气气瓶的单位，必须建立碱池，配备防毒面具等符合国家有关要求的防护措施。

（5）锅炉、压力容器、压力管道、气体钢瓶爆炸时，所有人员须立即撤离现场并报警，等待救援。

3. 病原微生物

（1）若病原微生物泼溅在皮肤上，立即用75％的酒精或碘伏进行消毒，然后用清水冲洗。

（2）若病原微生物泼溅在眼内，立即用生理盐水或洗眼液冲洗，然后用清水冲洗至少15分钟，并立即就医。

（3）若病原微生物泼溅在衣物、鞋帽上或实验室桌面、地面，应立即选用75％的酒精、碘伏、0.2％—0.5％的过氧乙酸、500—1 000毫克每升的有效氯消毒液等进行消毒。

4. 化学灼伤

强酸、强碱及其他一些化学物质，具有强烈的刺激性和腐蚀作用，发生这些化学灼伤时，应用大量流动清水冲洗，再分别用低浓度的（2％—5％）弱碱（强酸引起的）或弱酸（强碱引起的）进行中和，视情况再做进一步处理。

（1）眼部受伤。

眼睛灼伤。一旦眼内溅入化学药品，应立即用大量清水或生理盐水缓缓彻底冲洗。洗眼时，眼皮要张开，也可由其他同学帮忙翻开眼睑，持续冲洗15分钟。不要用稀酸去中和溅入眼内的碱性物质，反之亦然。因溅入碱金属、溴、浓酸、浓碱或其他刺激性物质而灼伤眼睛，采取急救措施后，必须迅速送往医院。

异物入眼。玻璃屑等异物进入眼睛时，一定不要手忙脚乱，不要让其他同学帮忙取碎屑，不要总是转动眼球，更不要用手揉擦，可以任眼睛流泪，有时碎屑可能会随着泪水流出。如果是木屑、尘粒等异物进入眼睛,可以让其他同学帮忙翻开眼睑,用消毒棉签轻轻取出异物,用纱布轻轻把受伤的眼睛包住,尽快送往医院处理。

(2)皮肤灼伤。

酸灼伤。先用大量水冲洗,再用稀碳酸氢钠的溶液或稀氨水浸洗,最后用清水洗。氢氟酸能腐蚀指甲、骨头,滴在皮肤上,会形成难以治愈的烧伤。皮肤如果被其灼烧后,应先用大量清水冲洗 20 分钟以上,再用冰冷的饱和硫酸镁溶液或 70% 的酒精浸洗 30 分钟以上;大量清水冲洗后,还可以继续用肥皂水冲洗,用 5% 的碳酸氢钠的溶液湿敷。

溴灼伤。被溴灼伤的伤口很不容易愈合,因此做实验时一定要严加防范,做好自我保护措施。例如,可以预先配制好适量的硫代硫酸钠溶液备用。一旦有溴沾到皮肤上,立即用硫代硫酸钠溶液冲洗,之后再用大量清水冲洗干净,包上消毒纱布后,紧急就医。被灼伤后,如果创面起了小水疱,千万不要挑破,以防感染。

碱灼伤。先用大量清水冲洗,再用 1% 的硼酸溶液浸洗,最后用清水冲洗。

5. 中毒

(1)吸入中毒。若发生有毒气体泄漏,应立即启动排气装置将有毒气体排出,同时打开门窗使新鲜空气进入实验室。若吸入毒气造成中毒,应立即抢救,将中毒者移至空气良好处使之能呼吸新鲜空气,同时立即送医治疗。

(2)经口中毒。要立即刺激催吐(可视情况采用 0.02%—0.05% 高锰酸钾溶液或 5% 活性炭溶液等催吐),反复漱口,同时立即送医治疗。

(3)经皮肤中毒。将患者立即从中毒场所转移,脱去污染衣物,迅速用大量清水洗净皮肤(黏稠毒物用大量肥皂水冲洗)后,及时送医治疗。

6. 爆炸

(1)实验室发生爆炸事件,现场工作人员或周边人员在可能的情况下应及时切断电源和关闭管道阀门,同时迅速撤离,并立即向有关部门报告或报警。

（2）应急处置人员到达现场后，应迅速了解爆炸产生的可能原因，并设法采取措施控制危险源，如需专业救援应立即向有关方面求救。

（3）组织人员迅速撤离爆炸现场，及时清点人数，做好相关医疗救护；禁止无关人员进入事故现场，做好现场保护，等待警方及有关部门进行勘查，查明事故原因。

二、实例启智促安全

（一）实例描述

在某大学的有机化学实验室中，一名大学生正在进行有机合成实验，使用二甲苯作为溶剂。在操作过程中，由于实验装置出现故障，二甲苯从反应瓶中泄漏到实验台上。由于实验室通风不良，泄漏的二甲苯气味迅速弥漫开来，引起了实验室内人员的注意。

（二）实例分析

1. 保持冷静

实验人员应立即停止实验操作，保持冷静，不要惊慌失措，应迅速评估情况，并做出相应的应对措施。

2. 紧急撤离

应立即向实验室内的其他人员发出撤离警报，并按照实验室的紧急撤离程序进行撤离。在撤离过程中，确保不要慌乱拥挤，尽量保持安全距离。

3. 急救处理

如果有人员出现呼吸困难、头晕、恶心等症状，应立即提供急救措施。可以将受伤人员转移到通风良好的地方，帮助其平静呼吸，并确保受伤人员的安全。

4. 封锁泄漏源

立即封锁二甲苯泄漏的源头，如关闭反应瓶阀门或使用吸收剂将泄漏液体吸收。这样可以防止二甲苯继续扩散，减少安全风险。

5. 通风换气

在紧急情况下,应立即启动实验室的通风设备,增加新鲜空气流通,以稀释有毒气体的浓度,减少安全风险。

6. 汇报情况

事发后,实验人员应立即向实验室管理员或安全人员报告二甲苯泄漏情况。应提供详细的事故情况描述,包括泄漏的化学品名称、泄漏的地点和泄漏的数量等信息。

7. 接受安全培训

大学生应主动参与相关的实验室安全培训,并加强对化学品泄漏等紧急情况的应对能力和技能。

通过以上措施,大学生可以在实验室意外中尽量保护自己和他人的安全,有效地减少事故的危害,并且为实验室安全作出贡献。

三、思考与研讨

(1) 高校实验室有哪些安全隐患?进入实验室操作前,大学生必须要做好哪些准备?

(2) 你觉得大学的实验室安全培训应该包括哪些方面?

第三章

就业实习安全

　　就业是最大的民生工程、民心工程、根基工程。党的二十大报告明确指出：人才是第一资源，实施就业优先战略，强化就业优先政策，健全就业促进机制，促进高质量充分就业。高校毕业生是国家宝贵的人才资源，是促进就业的重要群体。党和国家高度重视高校毕业生的就业创业工作，千方百计促进高校毕业生多渠道就业创业，明确要求"加强就业创业教育和就业指导服务""严厉打击非法职业中介和招聘过程中的各种欺诈行为""切实维护毕业生就业权益"，因此，大学生就业实习安全已成为实现高质量充分就业的必经之路。本章主要介绍大学生实习就业过程中安全知识以及应对策略，旨在提高大学生实习就业安全意识，学会识别风险并预防潜在危害，保障个人安全和权益，并顺利进行实习就业。

第一节　就业安全概述

　　大学生就业安全是指大学生在求职就业过程中，处于一种没有主观恐惧与客观威胁的状态，包括求职前、中、后期涉及的自身安全（人身、财产、信息、心理）和就业环境安全。从总体国家安全观来看，就业安全和其他传统安全因素一样,关乎家庭、学校、社会乃至国家。

对大学生而言,安全就业不仅是生存的需要,更是实现个人价值和社会价值的重要途径。因此,在求职就业过程中,大学生应该树立正确的择业观、就业观,保持良好的心理状态,做好学业规划和职业规划,以实际行动提高就业竞争力,增强自我保护意识和能力,防范求职风险,维护就业权益,顺利就业。

一、安全知识面面观

(一)求职择业阶段

1. 职业规划与发展

了解当前的就业市场是保障就业安全的前提。关注行业动态、了解市场需求、分析就业趋势,有助于更好地选择适合自己的岗位。

合理的职业规划有助于实现个人就业目标。在规划中,要明确职业发展方向、设定短期与长期目标、制定实现目标的措施。心怀梦想的同时,脚踏实地,不断学习和提升自己,在实践中一步步成长,以适应职业发展的需求,以实际行动实现个人理想,在平凡中成就不凡。

2. 大学生就业权益

就业权益是指劳动者在就业过程中所拥有的权利以及应获得的利益。大学生只有充分认识到自己所拥有的权利,才能更好维护自身的合法权益。主要包括以下几个方面:

(1)平等就业权。根据《中华人民共和国就业促进法》规定,大学生依法享有平等就业的权利,不应因民族、种族、性别、宗教信仰而受到歧视。

(2)自主择业权。国家倡导大学生树立正确的择业观念,提高就业能力和创业能力,并鼓励自主择业、自谋职业。

(3)公平待遇权。大学生在就业后应享受公平的工资待遇,工资分配应遵循按劳分配原则,实行同工同酬。

(4)接受就业指导权。高等学校应当为毕业生提供就业指导和服务,帮助他们更好地融入社会,实现顺利就业。

3. 心理健康

在择业过程中,社会环境、经济状况、家庭期待等因素会给大学生的心理、精神甚至人身安全埋下安全隐患。同时,应届生缺乏对就业市场、就业岗位的了解,在适应的过程中遭遇挫折,容易焦虑、退缩和缺乏信心。还有一些应届生抱怨学校不知名、专业不对口、父母地位不高等,却无视主观能动性、自身实力和机遇条件等因素,容易出现心理安全问题。

大学生在求职中遇到各种问题,产生暂时的不良情绪是很正常的事。要学会用科学有效的方法去疏解,同时扩大自己的社会交际圈,积极寻求老师、同学、家人或者专业人员的外在支持。

(二) 签约就业阶段

大学生完成了求职择业后,接下来需要与用人单位签约就业,这里的"约",可以是毕业生就业协议书、劳动合同和具备劳动合同要素的录用通知书。大学生需要了解以下知识:

1. 全国普通高等学校毕业生就业协议书

全国普通高等学校毕业生就业协议书,简称"三方协议",是学校、毕业生和用人单位之间的一种重要协议,它关系到毕业生的就业去向和用人单位的招聘计划,同时也关系到学校的就业工作。三方协议具有约束三方的法律效力。它是毕业生与用人单位之间关于将来就业意向的初步约定,明确毕业生、用人单位和学校三方的权利和义务的书面表现形式。现行的"三方协议"属"格式合同",但"备注"部分允许三方另行约定各自的权利义务。为了防止用人单位虚假承诺,毕业生可将签约前达成的工资、奖金、补贴、休假、住房、保险、福利待遇等在备注栏中备注清楚,以维护自身合法权益。就业协议书一般在未毕业离校期间签订。

在签订"三方协议"时,毕业生应了解用人单位的实际情况和招聘条件,确保就业选择符合自己的职业规划和发展方向。同时,用人单位也应遵守协议约定,为毕业生提供良好的工作环境和发展机会。

2. 劳动合同

劳动合同是用人单位与劳动者之间约定劳动关系的法律文件。建立劳动关系时,应当订立书面劳动合同。劳动合同签订的具体时间应由劳动者和用人单位根据实际情况协商确定,应确保在用工之日起的一个月内完成劳动合同的签订。如果用人单位自用工之日起超过一个月不满一年未与劳动者订立书面劳动合同的,应当向劳动者每月支付两倍的工资。

合同中应明确合同双方的基本信息、工作内容和职责、工作时间和休假、薪酬和福利、劳动合同期限、终止劳动合同的条件和程序及其他约定条款,如保密与竞业限制条款、知识产权条款、培训承诺、违约责任等关键条款。正在求职的大学生,一定要认真查看所签劳动合同是否符合国家的相关法律政策,双方的权利义务是否合理,避免双方今后发生争议。

3. 录用通知书

用人单位还有可能向求职者发放录用通知书,这与"三方协议"和劳动合同有所差别。录用通知书是指劳动合同签订之前,用人单位向经过考核通过的求职者发出的书面通知,通知其前来签订劳动合同,是表达希望对方与自己建立劳动关系的意愿,一般不能替代劳动合同本身。

在一定条件下,发出录用通知书也可能会被视为签订了劳动合同。例如,公司发出的录用通知书等书面文件含有表示"录用"的文字,且具备劳动合同期限、劳动报酬、工作岗位、月薪标准等劳动合同必备要素,并对相关内容进行了约定,经用人单位和求职者书面确认,在劳动期限内双方亦按约定实际履行,录用通知书等书面文件应视为双方已签订劳动合同。

4. 试用期

试用期是用人单位与劳动者在劳动合同中约定的,用于相互了解、适应的期限。

劳动合同期限三个月以上不满一年的,试用期不得超过一个月;劳动合同期限一年以上不满三年的，试用期不得超过二个月；三年以上固定期限和无固定期限的劳动合同，试用期不得超过六个月。同一用人单位与同一劳动者只能约定一次试用期。以完成一定工作任务为期限的劳动合同或者劳动合同期限不满三个月的，不得约定试用期。试用期包含在劳动合同期限内。劳动合同仅约定试用期的，试用期不成立，该期限为劳动合同期限。

试用期工资不得低于本单位相同岗位最低档工资或者劳动合同约定工资的百分之八十，并不得低于用人单位所在地的最低工资标准；用人单位和劳动者都必须依法缴纳社会保险。

（三）就业风险防范

在求职就业的双向选择过程中，大学生或因欠缺经验、或因遇人不淑，会遭遇求职陷阱，甚至出现被虚假套路的风险。所以，无论是求职前还是求职过程中，大学生都需要提高防范意识，警惕求职骗局，避免落入招聘陷阱，尽早实现顺利就业。

1. 警惕常见招聘陷阱

（1）警惕"付费内推"。

"付费内推"指某些机构向求职者承诺提供高薪行业就业岗位，但需缴纳相关服务费用。"付费内推"涉嫌不正当竞争和欺诈，或涉嫌侵害求职者的平等就业权，也可能涉嫌侵害企业权益，相关求职者难以主张自身权益。到最后甚至会工作和钱两空。在求职中，不要轻信无任何要求且薪资待遇异常高的招聘信息，毕竟天上不会掉馅饼，掉下的往往是陷阱。

（2）警惕"实习生套娃"。

"实习生套娃"是某些用人单位的员工甚至是非正式员工，以单位名义招聘实习生，借此分派自身工作任务骗取免费劳动力，或进行"有偿实习"。在求职中，要通过正规渠道寻找实习机会和就业岗位，并核实招聘信息的真实性和准确性。

（3）警惕"虚假招聘"。

"虚假招聘"是用人单位或非法中介机构进行虚假宣传,向求职者收取高额中介费,却拖延或直接不履行合同。这类"黑中介"大多无法提供真实、合法的工作机会,常打着介绍工作的幌子通过发布虚假招聘信息。在求职中,要核实招聘企业或中介机构的工商注册、企业信用等信息,对于将先交费作为条件的招聘等都需要谨慎对待。

(4) 警惕"非法传销"。

"非法传销"是指组织者通过发展人员,要求其以购买商品等方式,牟取非法利益。传销属于违法行为。这类传销活动本身就具有一定迷惑性,又往往通过网络招聘等手段实施,更增加了其隐蔽性。在求职中,要自觉抵制各种诱惑,树立拒绝传销的防范意识,一旦发现可疑情况或者被骗,立即拨打110报警。

(5) 警惕"培训贷"。

"培训贷"是不法分子以招聘的形式对应聘求职者进行有偿高额培训,诱导、甚至要求大学生贷款培训。"培训贷"所涉及的个人信息被使用,更多的是在本人知情的情况下发生的。在求职中,要注重保护自己的隐私,积累基本的就业常识,加强学习,提升法律意识,学会用法律维护自己的正当权益,切实提高防骗意识和人身安全保护意识。

2. 风险防范与应对

(1) 理性认识自我。

大学生在求职就业之前,应该对大学学习、生活做出全面的总结,对自己的专业水平、能力进行理性的评估,保持清醒头脑。这样的自我评估能够帮助大学生明确自己的就业方向和就业目标。

(2) 从正规渠道获取招聘信息。

通过国家大学生就业服务平台、国聘平台、高校就业平台、用人单位的官方网站,或通过参加学校组织的各类招聘活动获取求职信息。

(3) 核实用人单位和招聘信息。

及时核查招聘信息。通过查询用人单位的工商信息来确认其是否为合法注册单位。通过用人单位官方网站或拨打官方电话核实招聘信息，多种途径了解用人单位背景。如果只是简单地通过查找经营信息，并不能够做到百分之百地防止上当受骗，但通过官方平台核查公司的经营状况以及涉诉风险，是一种简单而有效的辨别方式。

（4）时刻保护个人信息。

任何单位和个人都没有权利扣留他人证件原件。在求职过程中，不轻易将个人证件原件交付他人或泄露银行卡、网银密码，确需提供证件复印件时，要在合适位置注明具体用途。

如果在进行面试过程中，发现招聘者不关注你的个人能力、专业素养，而是特别留意你的个人信息，应该及时抽身；如果在面试过后，被告知通过复试，但仍需要进一步培训时，需要特别留心，保护好个人信息，尽快离开。

（5）依法维护就业合法权益。

大学生应对相关的就业和劳动法律法规有所了解，这些法律法规规定了相关的权利和义务，是保护大学生就业权益的重要依据。同时，关注国家和地方政府的就业政策，以便更好地把握就业机会和了解自身权益。如果在求职过程中遇到权益受到侵害的情况，如招聘歧视、招聘陷阱、劳动条件恶劣等，大学生应积极争取和维护自己的合法权益。可以先与用人单位协商解决，如果协商无果，可以向家人、身边的朋友和老师求助，向劳动监察部门投诉或寻求法律援助等等。

二、实例启智促安全

（一）实例描述

李某系大四学生，于2021年10月入职某媒体公司，岗位是媒体后期，双方未签订任何书面协议。后李某申请劳动仲裁，认为双方系劳动关系，要求某媒体公司支付拖欠的工资等。某媒体公司认为双方系劳务关系。劳动仲裁委不予受理后，李某诉至法院。

法院经审理认为,不能因在校生或实习生的身份而一律否认劳动关系的建立。大学毕业生以就业为目的进入用人单位,不同于在校生以学习为目的假期实习、社会实践及勤工助学等情形,双方用工关系符合劳动关系特征的,应认定为劳动关系。本案中,李某作为应届毕业生以就业为目的至某媒体公司工作,向公司提供了劳动,并接受公司的管理,公司向其发放报酬,存在建立劳动关系的合意。双方存在人身上、组织上及经济上的从属性,构成劳动关系,故法院判决支持李某的诉讼请求。

(二) 实例分析

1. 签订书面劳动合同的重要性

这个案例强调了签订书面劳动合同的重要性。尽管李某已经在某媒体公司工作,但由于双方未签订任何书面协议,使得劳动关系变得模糊。这不仅可能导致劳动者权益受损,如工资拖欠等,而且增加了解决争议的难度。因此,大学生在就业时,一定要与用人单位签订正式的书面劳动合同,明确双方的权利和义务。

2. 了解劳动法律法规

李某在权益受到侵害时,选择了通过法律途径维护自己的权益,这说明他具备一定的法律意识。然而,对于大学生来说,了解并熟悉劳动法律法规更为重要。这样不仅可以避免陷入不必要的法律纠纷,还可以在权益受到侵害时,采取正确的法律手段维护自己的权益。

3. 保留相关证据

在劳动争议中,证据往往起着决定性的作用。李某在申请劳动仲裁和提起诉讼时,需要提供相关的证据来证明自己的主张。因此,在就业过程中,劳动者应保留与用人单位之间的所有书面和口头交流记录、工资条、工时记录等相关证据,以备不时之需。

4. 谨慎选择就业单位

在选择就业单位时,大学生应谨慎选择,了解用人单位的信誉、经营状况等信息。避免陷入一些不良用人单位的陷阱,如虚假招聘、违法用工等。

5. 及时维权

当自己的权益受到侵害时,大学生应及时采取法律手段维护自己的权益。不要因为害怕麻烦或者觉得损失不大而选择忍气吞声,这样只会让不良用人单位更加肆无忌惮地侵害劳动者的权益。

三、思考与研讨

(1) 大学生如何做好个人职业规划?

(2) 本人或者身边同学存在就业安全风险时,可以通过哪些途径化解?

第二节　校外实习安全

大学生实习,是指在校大学生进入到政府机关、企事业单位和社会团体等用人单位进行教学实习、生产实习,以开展实践教学、培养学生工程与实践能力和创新精神,包括在校内校外的工程训练中心、专业实训中心、专业实训基地、实习基地、实习实训基地的各类实习。

实习是在校大学生了解社会、接触生产实际,获取、掌握生产现场相关知识的重要途径,在培养学生实践能力、创新精神,树立事业心、责任感等方面有着重要作用。每年都有数目庞大的在校生参加实习,所以提高学生实习安全意识,防范实习风险,保障实习时的合法权益,事关广大即将步入社会的大学生和实习单位的切身利益。

一、安全知识面面观

(一) 常见实习安全问题

大学生实习期间常见的安全问题可以归纳为以下几个方面:

1. 交通安全

自觉遵守交通规则，不酒后或无证驾驶机动车；去实习途中不要乘坐"黑车"，选择正规的营运车辆；通过正规的途径购买车票、机票，避免上当受骗。

2. 食品安全

注意个人饮食卫生，尽可能在实习单位食堂就餐，避免购买街边小摊或来源不明的食物；不食用过期、变质或"三无"食品，防止食物中毒。

3. 实习陷阱

在搜索实习信息时，要特别注意信息的真实性。一些不良公司可能会发布虚假招聘信息，利用实习生作为廉价劳动力。因此，要通过多种途径了解公司的真实情况，如学校就业网、社交媒体、公司官网等。同时，可以查阅行业评价和公司口碑，了解公司的信誉。一些实习单位可能会以"培训"为名，要求实习生支付培训费用。对于这种情况，实习生应保持警惕，必要时可以向劳动行政部门投诉。

4. 工作安全

与实习单位签订实习协议，明确权责，如工资额度、劳动时间、劳动强度等关系到学生切身利益的方方面面；遵守实习单位规章制度和安全规定，听从安排，严禁迟到、早退、旷工、擅自离岗等行为；严格按照操作规程进行操作，做好安全防护，防止意外人身伤亡事故或损坏机器设备；工作时间不从事其他事情，认真负责地完成实习期间工作安排。

5. 个人保护

保护个人隐私，避免将个人信息泄露给不相关的人；保持警惕，防止各类失窃行为，妥善保管好银行卡和各类证件，不轻易相信陌生人，不参与非法活动；遇到突发事件及时报警，确保自身生命财产不受侵害。

由此可见，实习生应本着谨慎、负责的态度，认真履行相应的职责，以确保实习工作的顺利进行和自身的安全。

（二）大学生实习遇到的主要问题

1. 薪资待遇和工作时间

在大学生实习过程中，常常出现劳动报酬低、拖欠报酬，甚至没有报酬等现象。此外，还有一些实习单位会通过未经授权的加班和抵扣工资等手段来削减实习生的收入，这样的做法不仅违法，而且极易引发实习生的不满和不安情绪。

2. 职业健康和意外伤害

在校外实习过程中，实习安全事故，如职业健康和意外伤害，也是一个备受关注的话题。实习单位的工作环境、工作方式、工作强度等因素，都会对实习生的身体健康产生影响。例如，在某些生产环境中，存在着化学物质、噪声、尘土等危险因素，如果没有有效的防护措施，实习生可能会受到伤害。此外，由于实习生疏忽或未遵守安全操作规范，也很容易遭受意外伤害或伤亡。

实习单位、学校和实习生在实习安全事故中各自承担不同的职责。实习单位应承担安全管理、实习场所安全、安全教育和培训等职责；学校应承担实习管理、安全教育、实习单位选择和监督等责任；实习生则应提高安全意识，不断增强自我防范能力，遵守规章制度、安全操作规程和加强自我保护意识。只有三方共同努力，才能确保实习的安全和顺利。

3. 社会保险和福利待遇

实习的目的是提高学生职业技能和综合素质，因实习生在经验、技能和工作稳定性等方面有较大欠缺，所以一般来说，实习生的社会保险和福利待遇得不到用人单位的保障，这也给实习生在生活和工作上带来很大的不便和风险。万一发生实习安全事故，难以获得相应的赔偿和治疗。因此，在实习期间，学校、用人单位和实习生可协商购买人身意外保险，平衡三方之间的利益，有效分散实习期间的风险，也有效保障实习生的权益。

（三）实习安全事故的发生原因

1. 主观因素

（1）大学生安全意识淡薄。大学生在实习过程中，由于缺乏实际工作经验和对工作环境危险性的认识，往往容易忽视安全问题，导致安全事故的发生。例如，在操作过程中不遵守安全操作规程，对危险源视而不见，或者存在侥幸心理，认为事故不会发生在自己身上。

（2）大学生准备不充分。部分大学生在实习前没有对实习单位的工作环境、设备使用、安全规定等进行充分了解和学习，导致在实习过程中操作不当或无法应对突发情况，从而引发安全事故。

（3）大学生技能水平低。一些大学生在实习过程中，由于自身技能水平有限，无法熟练掌握操作技巧，容易在操作过程中发生错误，进而引发安全事故。

2. 客观因素

（1）实习单位安全管理不到位。部分实习单位在安全管理方面存在缺陷，如安全制度不完善、安全培训不到位、安全监管不严格等，导致大学生在实习过程中缺乏安全保障，容易发生安全事故。

（2）实习单位设备陈旧落后、环境条件差。一些实习单位的设备陈旧落后，存在安全隐患；同时，工作环境差，如通风不良、噪音大等，也容易导致学生在实习过程中发生安全事故。

3. 综合因素

（1）学校安全教育不到位。部分学校可能未将安全教育纳入课程体系，或者安全教育课程的内容不够全面、深入，导致学生缺乏必要的安全意识和自我保护能力；安全教育内容没有针对不同实习岗位的特点进行定制化教育，导致学生在面对具体的安全问题时无所适从。

（2）实习协议缺失或执行不力。实习协议是保障学生权益的重要依据，有些实习生没有签订实习协议，或者部分实习单位在执行实习协议时存在问题，如违反协议规定的工作内容、工作时间等，增加了学生的工作负担和安全风险。

（四）实习期间的风险防范

为降低实习过程中的风险，保障大学生的实习权益，以下将提出一些具体的建议供学习了解：

（1）实习生应提高风险意识。牢记：遵章与安全相联，事故与违章相伴。

（2）妥善处理与实习单位的关系。实习生要与实习单位建立良好的沟通，一旦发现安全隐患，及时汇报，防患于未然；实习单位如提出扣押证件（身份证、学生证）、交金（保证金、押金）的要求，都是不合法的，实习生应明确拒绝。工作时可将合同、工作证、工作服、工资条、工资单、证明、打卡记录等凭证保留好，避免产生纠纷时没有证据。

（3）充分利用好学校的资源。主动寻求学校及老师的帮助，不管长期实习还是短期实习，建议在确定实习前签订实习协议，明确权利义务。

（4）依法维护自身合法权益。在受到事故伤害时，冷静运用法律武器保护自己的权益。及时向学校、有关劳动仲裁或司法部门咨询或者寻求帮助，以利于尽早、尽好解决问题。

二、实例启智促安全

（一）实例描述

某高校学生李某到某勘察公司实习，双方签订了员工实习合同。2022 年 1 月的一天，李某与其工作搭档刘某到山东省某村对房屋院落现状进行拍照工作，李某负责拍照，刘某负责扛竹梯和扶竹梯。刘某在院落外墙竖好竹梯，但李某未使用该竹梯，而是通过该户楼梯爬至屋顶。因需要到另一家平房的屋顶拍摄，李某踩着两屋之间的横梯通过，结果横梯断裂，李某坠落摔伤，后被该公司派人送往医院住院治疗。李某与某勘察公司就其是否进行了专业岗前培训、是否违规作业等产生分歧，无法协商一致，最终将某勘察公司诉至法院。

法院审理后认为，根据李某与某勘察公司签订的员工实习合同及双方陈述等证据，认定双方之间成立劳务关系。改善生产作业条件，提供必要的安全设备,进行安全教育,组织安全生产,是接受劳务方的责任与义务。某勘察公司作为接受劳务方,未证明其对雇员进行了安全警示教育并提供相应的安全防范设备,且在明知李某存在危险作业的情况下未予以制止,对损害结果的发生具有一定过错。李某在提供劳务过程中,未尽到谨慎的注意义务,未留意脚下环境及踩踏具有危险性的横梯,其对自身的损害结果亦具有一定过错。综合考虑某勘察公司、李某的过错程度,法院认为,某勘察公司负事故的主要责任,承担70%的赔偿责任,李某自行承担30%的责任。

(二)实例分析

1. 重视实习合同和安全协议

李某与勘察公司签订了员工实习合同,这是正确的做法。然而,在签订合同时,李某应仔细阅读合同条款,特别是关于安全责任、培训内容和违规作业后果的条款。确保自己清楚了解在实习期间应遵守的安全规定和流程。

2. 遵循单位规章制度和安全指导

在这个案例中,李某选择了一条不同于企业提供的路径进行工作,结果导致了意外。这提醒大学生在实习期间要严格遵守企业规章制度和安全指导,不要擅自改变工作流程或方法。

3. 接受专业培训和指导

李某与勘察公司就是否进行了专业岗前培训产生分歧。在实习前,大学生应确保自己接受了充分的培训和指导,了解工作所需的技能和安全知识。如果公司没有提供足够的培训,大学生应主动提出要求或考虑更换实习单位。

4. 使用适当的工具和设备

李某不使用提供的竹梯而选择了另一种更危险的方式。这表明在选择和使用工具和设备时,大学生应根据公司规定按要求操作。避免使用未经批准或存在安全隐患的工具和设备。

5. 及时沟通和反馈

当大学生遇到安全问题或困惑时,应及时与公司或导师沟通,反馈问题并寻求解决方案。这样可以及时消除可能存在的安全隐患,减少事故发生的可能性。

6. 了解自身权益和维权途径

当大学生在实习期间遭受权益损害或发生纠纷时,应了解自己的权益和维权途径。在此案例中,李某通过法律途径解决了与勘察公司的纠纷。大学生应了解相关的劳动法律法规和维权途径,以便在必要时保护自己的权益。

7. 保持警惕和谨慎

无论在哪里实习,大学生都应保持警惕和谨慎,时刻关注周围的安全状况。在进行危险作业时,更要特别注意自己的安全,遵循相关规定和流程。

三、思考与研讨

(1) 结合本专业,你认为在实习前应作好哪些准备?

(2) 结合某一行业,谈谈如何防范实习事故风险?

第四篇

新技术时代的用网安全

当前，人类社会正加速迈向数字文明时代，伴随数字化、网络化、智能化深入发展，国家安全的内涵和外延更加丰富，时空领域更加宽广，内外因素更加复杂。网络安全与政治安全、经济安全、文化安全、社会安全、军事安全等领域相互交融、相互影响，已成为我国面临的最复杂、最现实、最严峻的非传统安全问题之一，在国家安全体系中的基础性、战略性、全局性地位更加凸显。2014 年在中央网络安全和信息化委员会第一次会议上，习近平总书记提出"努力把我国建设成为网络强国"的目标愿景。2015 年，党的十八届五中全会明确提出要实施网络强国战略。2018 年，全国网络安全和信息化工作会议上，习近平总书记提出"最终达到技术先进、产业发达、攻防兼备、制网权尽在掌握、网络安全坚不可摧的目标"。2023 年 7 月，习近平总书记对网络安全和信息化工作作出重要指示，明确"十个坚持"的重要原则，强调要"坚持筑牢国家网络安全屏障"。

随着科技的飞速发展，人工智能、大数据、云计算和物联网等新技术如同雨后春笋般不断涌现，这些创新不仅极大地改变了人们的生产、生活方式，也深刻地推动了社会的进步。对于活跃在科技前沿的大学生群体来说，新技术的普及和应用，为大学生提供了更广阔的学习空间和更便捷的生活方式。但与此同时，新技术的发展和运用也带来了前所未有的网络安全问题，对大学生的生活、学习和未来职业发展产生了深远的影响。本篇旨在探讨新技术时代与个人用网安全之间的紧密关系，特别是在新技术背景下网络安全、信息安全以及网络文明三个方面对大学生的影响以及应对措施。

第一章

新技术背景下的网络安全

新技术不仅极大地丰富了大学生的学习资源,也为大学生提供了前所未有的实践平台。从虚拟现实到人工智能,从大数据到云计算,每一项新技术的应用都为大学生打开了一扇通往未来世界的大门。然而,在这个信息爆炸的时代,大学生如何有效利用新技术,如何防范新技术带来的潜在风险,如何识别哪些是虚假新技术,成为摆在大学生面前的一大课题。本章将简述当前典型的新兴技术,并结合案例讲述新技术发展带给大学生的挑战,帮助大学生了解新技术中存在的相关安全问题,提升自身的安全意识,有助于大学生在当前新技术涌现的时代更加理性看待新兴技术,并将新兴技术合理运用于自身的成长过程中。

第一节　智能诈骗

一、安全知识面面观

(一) 人工智能的概念及运用

人工智能是一种新兴技术,旨在通过程序或机器,使计算机能够模拟人的思维方式,替代人类完成部分工作。现阶段人工智能技术在各领域被广泛运用,改变人们的生活方式,逐渐成为推动社会发展的主要力量。相较于传统互联网技术,人工智能处理数据速度更快,得出的数据处理结果精确性高,能够深入开发数据的利用价值,且技术应用成本低,将该技术用于数据处理,不仅能高效完成数据处理工作,还不会增加投入的资源。[1] 当前,各高校正逐步探索人工智能技术在智慧校园中的广泛应用,人工智能技术为革新高校教学方式、提升教育质量与效率作出科学决策,为教育管理、服务提供智能化解决方案,极大地推动了高校教育现代化进程。

(二)智能风险

随着科技的飞速发展,新兴技术已经渗透到了大学生生活的方方面面,极大地提升了生活的便捷性和效率。然而,新技术也带来了一系列不容忽视的安全问题。在众多新技术中,人工智能与大学生学习生活关联尤为紧密,这种关联不仅仅体现在大学生们通过参与各种课程、研讨会和竞赛等来深入学习和探索这一专业领域,更体现在人工智能技术本身如何悄然融入并改变着大学生们的日常学习与生活。无论是通过智能教学系统获得个性化的学习建议,还是利用人工智能技术进行高效的资料检索和数据分析,大学生们都能深切感受到人工智能技术带来的便利与可能。但同时,人工智能也为大学生带来安全问题,尤其是在电信诈骗领域,人工智能技术的应用为犯罪分子提供了新的手段和工具,使得诈骗行为更加隐蔽、高效和难以防范。

(三)人工智能诈骗的应急处理

当大学生遇到人工智能诈骗时,应该采取以下措施来应对:

1. 保持冷静并识别诈骗

首先,要意识到这可能是一种诈骗行为,并尽量保持冷静,不要因恐慌而做出错误决定;其次,仔细分析诈骗手段,如是否使用了人工智能换脸、声音合成

---

[1] 魏凤星,刘文红.大数据时代人工智能在计算机网络技术中的应用发展研究[J].中国新通信,2023(22):74—76.

等技术，以及诈骗信息的来源和内容是否可疑等。

2. 收集证据

尽可能地收集与诈骗相关的证据，如聊天记录、电话号码、邮件、短信等。这些证据对于后续报案和维权非常重要。

3. 及时报案

尽快向当地公安机关报案，向警方详细说明情况，并提供所掌握的证据。警方将会根据提供的信息展开调查，并采取相应的措施。

4. 联系相关部门或机构

如果涉及银行转账或支付平台交易，及时联系银行或支付平台，申请冻结对方账户或支付平台账号，以减少损失。同时，也可以向学校保卫处或学生工作部门报告此事，寻求帮助和支持。

二、实例启智促安全

（一）实例描述

据湖北网警巡查执法公众号消息，2024 年 4 月，湖北省某市一名大学生肖某收到同学通过微信跟她借钱的信息。对方打过来一段五秒的视频电话，肖某看到确实是本人，便放心转账 3 000 元。然而，在第二次转账时感觉异常，便通过电话再次联系向她借钱的"同学"，对方表示并没有这回事。肖某这才得知同学的账号被盗，那段视频很有可能是被使用 AI 技术换了脸。在这个案例中，骗子首先盗取了肖某同学的微信账号，然后用 AI 技术合成了其同学的长相和声音，通过视频聊天骗取了她的信任。肖某在没有核实对方身份的情况下，就轻易转账了 3 000 元，导致被骗。

（二）实例分析

1. 人工智能诈骗的基本知识

人工智能诈骗是不法分子利用非法获取的个人信息，通过人工智能仿真技术合成受骗者亲人、领导同事或公职人员的肖像面容与声音,冒充上述人员身份行骗。在获得信任后,不法分子使用事先准备好的套路话术向受骗者发送银行卡转账、虚拟投资理财、刷单返利等诈骗信息,并利用视频通话、语音轰炸等手段进一步降低受骗者的防备心,受骗者往往在短时间内难以察觉异样,一旦听信诈骗分子的骗术并完成转账,对方便查无音信。此类新型网络诈骗手段多样、门槛低、辨别难度加大,经常令公众放松警惕,短时间内造成较大损失。

2. 人工智能诈骗的常见形式

(1)声音合成。不法分子通过骚扰电话录音等来提取某人声音,获取素材后进行声音合成,从而可以用伪造的声音骗过对方。不法分子通常会通过片段式的音频素材,使用人工智能技术学习目标群体的声音模式、音调和语调,并利用相关软件让"声音"生成他们想要的任何话语。

(2)人工智能换脸。人脸效果更易取得对方信任,不法分子用人工智能技术换脸,可以伪装成任何人,再通过视频方式进行信息确认,令人防不胜防。有了人工智能技术的"辅助",不法分子再设置恐慌或意外的"陷阱",让被锁定的"目标人物"措手不及。尤其是人们对人工智能技术诈骗的形式还不了解的时候,很容易被欺骗。只要不法分子稍微使用手段,受骗者很容易相信自己确实在与自己的亲人、朋友、同事交谈。

(3)人工智能程序筛选受害人。骗子利用人工智能技术来分析人们发布在网上的各类信息,根据所要实施的骗术对人群进行筛选,在掌握目标人群的职业、生活、爱好等信息后,在短时间内便可生产出定制化的诈骗脚本,进而实施精准诈骗。

3. 人工智能诈骗的风险防范

(1)学会识别真假视频。

第一,不接听陌生电话。在运用声音合成手段实施诈骗时,不法分子一般是先打骚扰电话,提取声音,并对声音素材进行合成,然后用伪造的声音实施诈骗。接到这样的骚扰电话,大学生们可以选择不予接听,或是要求对方进行视频通话,通常就能马上识别出骗子。

第二,通过细节辨认真假。不法分子通常会基于"目标人物"发布的照片、视频,通过人体图像合成技术生成假脸,利用人工智能技术实施换脸进行诈骗。要识别真假,目前比较好用的技巧是注意观察对方的眼睛。不法分子使用大多数的"假脸"都是使用"目标人物"睁眼照片合成的。也就是说,"假脸"在行骗时极少甚至不会出现眨眼动作,这也是简单判断一个视频真假的办法。此外,识别人工智能换脸视频的方法,还包括语音和嘴唇运动不同步、情绪不符合、模糊的痕迹、画面停顿或变色等。简而言之,在与亲友的视频交谈中,感觉画面有点异样,一定要提高警惕。

(2)多重验证,确认身份。

在涉及转账交易等行为时,大学生要格外留意,可以通过电话、视频等方式确认对方是否是本人。在无法确认对方身份时,可以将到账时间设定为"2 小时到账"或者"24 小时到账",以预留处理时间。尽量通过多种方式交叉询问具体信息,例如视频通话后立即拨打电话,确认对方是否为本人。即便对方运用人工智能技术行骗,也可以通过提问的方式进一步确认身份。建议最好向对方的银行账户转账,避免通过微信等社交软件转账。一方面有利于核实对方身份,另一方面也有助于跟进转账信息。

(3)保护好个人信息及隐私。

第一,日常生活中要注意上网安全,电脑、手机应该经常更新杀毒软件。上网浏览信息时,不要轻易点击陌生链接、下载陌生软件,更不要向陌生人开启远程控制或共享。应该养成定期更换支付密码的习惯,不要把密码存在手机或者电脑里,更不要将收到的验证码告诉他人。此外,对于不明网络平台发来的广告、中奖、交友等链接提高警惕,不随意填写个人信息,尤其不要随意将自己的照片、声音上传到网上,防止被骗子利用。

第二,将个人的社交媒体账户设为私密。在分享音频和视频之前,将个人的隐私设置限制为只允许本人认识和信任的人查看。同时,为个人的在线账户启用多因素身份验证。这样,即使不法分子获取了本人的用户名和密码,仍然需要其他验证步骤。

三、思考与研讨

（1）人工智能技术给大学生生活带来什么样的改变？

（2）人工智能技术发展是不可逆的潮流，大学生应当如何利用该技术，提升自身的学习能力？

第二节　虚假概念

一、安全知识面面观

虚假概念类新技术，即"伪高科技"层出不穷。不法分子常通过以下两种方式生成新概念：

（一）跟风高科技，收取"智商税"

此类虚假概念常常跟风当前尖端科技语，实际上却与真实技术并无实质联系。以量子技术为例，它无疑是科技革命和产业变革的领航者，当前的研究焦点集中于量子通信、量子计算和量子精密测量等尖端领域。然而，要实现量子技术在日常生活中的广泛应用，仍需要长时间的科研探索和技术积累。

例如，市面上所谓的"量子产品"往往都是跟风炒作，缺乏科学依据。这些产品通常以"高科技"和"健康"为幌子，实则是在利用消费者对量子技术的不了解进行误导。如今，"量子产品"已经渗透到各种消费品领域，它们常常夸大其词，声称具有治疗各种疾病、改善身体循环等神奇功能，并附以"量子能量""负离子""太赫兹"等看似高端的技术词汇，实则都是无稽之谈，意在欺骗消费者。

（二）制造"新名词"，增强迷惑性

在当今科技飞速发展的时代，各种新颖的概念和技术名词如雨后春笋般层出不穷，其中既有真正具有颠覆性科技价值的创新，也不乏空洞的噱头，旨在吸

引注意力和误导消费者。在市场上,尤其是一些消费品和保健品的营销宣传中,常常能见到一些常见的虚假概念类新技术,它们通过打造看似高端、专业的"新名词"来制造迷惑,让消费者难以区分真假。

例如,伪概念"石墨烯射频"。石墨烯作为一种二维碳纳米材料,在电子、新能源、复合材料等多个领域展现出了广阔的应用潜力。然而,当它与"射频"这一通信技术术语相结合时,却形成了一种看似高科技但实际上可能毫无实用价值的组合。在实际应用中,将石墨烯与射频技术有效结合并非易事,目前也尚未有被广泛认可的成熟技术或产品问世。因此,这种"石墨烯射频"的概念很可能只是商家为了吸引消费者而制造的虚假噱头,缺乏实质性的科技支撑。

二、实例启智促安全

(一)实例描述

2019 年 12 月,江苏省某市检察院破获一起利用"高科技"幌子实施诈骗的案件。吴某强等人注册成立助高公司,售卖"黄精高良姜"压片,以高科技产品为幌子,针对希望通过非正规途径增高的人群实施诈骗,通过互联网推广销售"增高服务＋特效赠品"的"增高套餐",两年多骗取 13 239 名被害人 5 633 万余元,其中大多数为中学生和大学生。

(二)实例分析

1. 保持理性思考,不盲从

大学生往往对新兴科技充满好奇和热情,容易对"高科技"产品或服务产生崇拜心理。然而,这种心理也容易被诈骗分子所利用。不法分子可能会制造一些虚假的"科学"概念,如"石墨烯射频"或"纳米瘦身技术"等,声称这些技术具有神奇的功效,能够解决大学生的某些需求,如提高学习效率、改善身体健康等。因此,大学生需要保持理性思考,不盲目追求所谓的"高科技"产品或服务。

2. 保持警惕，通过正规渠道了解信息

不法分子往往会针对大学生的特定需求制定具有针对性的诈骗话术。例如，不法分子可能会针对想要增高或减肥的大学生，推出所谓的"快速增高"或"轻松瘦身"产品，并配以虚假的广告和宣传。大学生在面对这些诱人的承诺时，应该保持警惕，通过查询官方网站，查看商标标识，检查商品生产厂名等辨别产品的真假，假如要选择增高保健品，应前往有正规经营资格的药店购买。

3. 警惕网络诈骗常见钓鱼手段

互联网是大学生获取信息的重要渠道，但同时也是诈骗分子进行诈骗活动的重要平台。他们可能会通过社交媒体、电子邮件、短信等途径，向大学生发送虚假信息，诱导大学生们点击恶意链接或下载病毒软件，从而窃取个人信息或实施诈骗。因此，大学生需要学会识别网络诈骗的常见手段，如虚假广告、钓鱼网站等，并时刻保持警惕。

4. 多学习多了解，增强安全意识

大学生要充分利用各种渠道和资源，不断学习了解各种现实生活中已发生的例子，深入了解诈骗的常见形式，从而有效防范和避免成为诈骗的受害者。

三、思考与研讨

（1）你还见过哪些虚假概念类新技术诈骗？

（2）当收到某条声称"可以提高注意力、提升成绩"的广告，你会怎么做？

第二章

新技术背景下的信息安全

在当今这个科技日新月异的时代,信息技术的迅猛发展不仅极大地改变了社会的运作模式,也深刻地影响了大学生的学习与生活。从课堂知识的获取,到日常生活的点滴,互联网、智能手机以及各类智能设备已经成为大学生们不可或缺的伙伴。这些技术工具极大地丰富了学习资源,拓宽了交流渠道,使得学习变得更加便捷和高效。然而,正如一枚硬币有正反两面,新技术的广泛应用也带来了不少隐患。尤其是信息安全问题,随着黑客技术的不断升级、网络钓鱼、恶意软件、数据泄露等新型网络攻击手段层出不穷,大学生们稍有不慎,就可能陷入信息安全的陷阱。信息安全不仅仅是一个技术问题,更是一个涉及个人隐私、财产安全乃至国家安全的重要课题。在新技术的背景下,如何有效防范信息泄露、避免网络陷阱,已经成为大学生们必须面对和解决的现实问题。

因此,本章将聚焦于新技术背景下的信息安全问题,深入剖析当前网络环境中常见的信息泄露和网络陷阱的表现与危害。本章将从真实的例子出发,揭示不法分子的手法和动机,让大学生们更加直观地认识到信息安全的重要性。同时,本章也将提供一些实用的防范策略和建议,帮助大学生提升信息安全意识,在享受技术带来便利的同时,也保护好自己的信息安全。这不仅是对个人的一种负责,也是对社会的一种贡献。

第一节 信息泄露

一、安全知识面面观

（一）信息泄露的常见类型

一般来说，信息泄露主要包括以下几个方面：

1. 单据泄露

信息泄露中的单据泄露是指个人或组织在使用各类单据时，由于不当处理或管理不善，单据上的敏感信息被未经授权的第三方获取。这些单据通常包含大量的个人信息，一旦被不法分子拿到，可能导致严重的后果。具体来说，单据泄露涉及的范围很广，生活中常见的有以下几种情况：

（1）快递单泄露。快递包装上的物流单含有网购者的姓名、电话、住址等详细信息。许多人在收到快递后，不经意地将快递单扔掉，导致这些信息泄露给不法分子。他们可能会利用这些信息进行电信诈骗、金融诈骗或其他犯罪活动。

（2）车票泄露。火车票、汽车票等交通工具的票据上也印有购票者的个人信息，如姓名、身份证号码等。乘客在乘车后若随意丢弃车票，这些信息也可能被不法分子利用。

（3）账单泄露。在刷卡购物或办理银行业务时，纸质对账单上通常会记录持卡人的姓名、银行卡号、消费记录等敏感信息。如果这些对账单被随意丢弃，同样会导致个人信息泄露。

（4）其他单据泄露。此外，还有购物小票、办理手机卡的业务单、水电费账单等单据，都可能包含个人信息。如果不妥善处理这些单据，也可能造成信息泄露。

2. 网络互动泄露

信息泄露中的网络互动泄露,主要是指在网络环境中,个人或组织在参与各种在线互动活动时,由于安全意识不足、操作不当或系统漏洞等原因,导致个人信息被非法获取或滥用的现象。网络互动泄露通常发生在以下场景:

(1) 社交媒体互动。在社交媒体平台上,用户经常需要填写个人信息、发布动态、与他人交流等。若用户隐私设置不当,或点击了不明链接、下载了恶意软件,个人信息就可能被窃取。此外,部分用户喜欢在社交媒体上分享生活细节,一张看似普通的照片,可能包含了地理位置标签,泄露了用户的家庭住址或常去的地方,这也可能被不法分子利用,进行诈骗或其他犯罪活动。

(2) 在线购物与支付。在数字化时代,在线购物与支付已经成为日常生活中不可或缺的一部分。人们在各大电商平台浏览商品,并准备进行在线支付时,不可避免地需要输入一系列敏感信息,如银行卡号、密码、验证码等。黑客可能会利用先进的网络攻击技术,如钓鱼网站、恶意软件等,诱导用户在不安全的网络环境下输入个人信息,进而窃取银行卡号、密码等关键数据。

(3) 网络调查与在线问卷。网络调查与在线问卷如今已经成为收集公众意见、了解市场动态的重要工具。然而,随着其不断被普及,参与网络调查或填写在线问卷时的个人信息安全问题也逐渐浮出水面。网络调查问卷常常要求用户提供一些基本的个人信息,如姓名、年龄、性别、联系方式等作为参与的条件或为了使得调查结果更具针对性。这些信息看似普通,但在某些不法分子眼中,却是宝贵的资源。部分不法分子会利用网络调查或在线问卷的参与条件,精心设置陷阱,诱导用户填写真实的个人信息,并利用到后续的推销或者诈骗活动中。

(4) 公共无线网络使用。在图书馆、商场、电影院、咖啡馆、机场等场所,公共无线网络几乎成为大学生现代生活的标配。然而,在公共无线网络环境下,若大学生未能采取必要的加密措施,或是不慎连接了未经认证、存在风险的网络,个人信息极易成为不法分子的猎物。这些信息可能会被用于各种非法活动,如身份盗窃、金融诈骗等,给大学生带来不可估量的损失。在公共场所使用免费无线网络时,若未采取加密措施或连接了不安全的网络,个人信息也可能在传输过程中被截获。

总体来看,网络互动泄露的危害极大,一旦个人信息被泄露,大学生可能面临垃圾邮件、骚扰电话、诈骗短信等侵扰。更严重的是,泄露的银行卡信息可能导致资金被盗刷,身份信息可能被用于办理信用卡、贷款等金融业务,甚至可能涉及刑事犯罪。

3. 身份信息盗用

身份信息盗用是指不法分子通过非法手段获取他人的身份信息,然后冒用这些信息进行各种欺诈或非法活动。身份信息盗用不仅侵犯了被盗用者的隐私权,还可能对其财产、信用乃至生命安全造成极大的威胁。身份信息盗用有多种表现形式,主要包括以下几个方面:

(1)冒用身份进行金融交易。不法分子可能利用盗取的身份信息进行金融诈骗,如开设银行账户、申请信用卡、办理贷款等,可能会利用这些账户进行非法资金转移、洗钱或恶意透支,给被盗用者带来经济损失和信用记录损害。

(2)社交账号被入侵。身份信息泄露后,社交账号可能会被黑客入侵,不法分子可能会冒充被盗用者的身份,发布虚假信息、骗取钱财或进行其他不法行为。这不仅损害了被盗用者的名誉,还可能对其社交关系造成负面影响。

(3)电信诈骗。身份信息被盗用后,不法分子可能会利用这些信息进行电话诈骗,或者可能会冒充公检法机关、银行、电信公司等机构,以各种理由诱骗被盗用者转账、汇款或提供验证码等敏感信息,从而骗取钱财。

(4)网络购物欺诈。身份信息被盗用后,不法分子可能会在网上的购物平台冒用被盗用者的身份进行欺诈活动。他们可能会利用被盗用者的身份信息和银行卡信息进行虚假交易,或者将虚假商品以被盗用者的名义出售给其他消费者。

(5)冒充身份办理证件。身份信息被盗用后,不法分子可能会冒用被盗用者的身份办理各类证件,如身份证、驾驶证、护照等。这些证件可能会被用于违法犯罪活动,给被盗用者带来严重的法律后果。

(二) 信息泄露的风险防范

大学生可以采取以下措施来防范信息泄露:

1. 增强信息安全意识

了解信息泄露的风险和后果,认识到保护个人信息的重要性。

2. 谨慎使用公共网络

避免在公共网络等不安全的网络环境下进行敏感操作,如网银交易、登录社交账号等。

3. 保护个人隐私

在社交媒体和互联网上填报个人信息时要谨慎,不要随意透露电话号码、家庭住址、身份证号码等敏感信息。

4. 设置复杂密码

为各类账号设置复杂且独特的密码,避免使用简单密码或与其他账号相同的密码。定期更换密码,增加账户安全性。

5. 谨慎处理电子邮件和短信

不要随意点击来历不明的链接或下载附件,以免被恶意软件感染。对于要求提供个人信息的邮件或短信,要进行核实和验证。

6. 保护个人设备

手机、电脑等个人设备要设置密码或指纹解锁,避免被他人轻易访问。定期更新系统和软件,以修补安全漏洞。

7. 选择可信赖的应用和网站

在下载应用或访问网站时,要选择可信赖的来源,避免使用盗版或未知来源的软件。

8. 保护个人证件

身份证、学生证等证件要妥善保管,避免丢失或被盗用。在需要提供复印件时,要注明用途和有效期。

9. 谨慎参与网络调查或活动

在参与网络调查或活动时,要仔细阅读隐私政策和活动规则,避免泄漏个人信息。

10. 定期检查和清理个人信息

定期检查自己在各类网站和应用上的个人信息,删除不必要的个人信息或关闭不必要的权限。

11. 使用加密通信

当需要传输敏感信息时,使用加密通信工具,如加密邮件、加密聊天应用等。

(三) 信息泄露的应急处理

及时举报和报警。一旦发现个人信息泄露或被盗用,要及时向相关机构举报或向警方报警,以便及时采取措施。

二、实例启智促安全

(一) 实例描述

2023年5月,浙江某市公安机关在侦办一起网络诈骗案件中发现,诈骗分子掌握大量公民个人信息。经调查,李某等人成立的某网络传媒有限公司涉嫌通过"网红"在直播间销售虚假"网红教学素材"为手段,骗取用户购买商品并提供个人信息,进而将这些信息非法出售给下游诈骗团伙。诈骗团伙利用获取的个人信息对受害人进行精准营销,出售虚假直播培训课程,骗取高额费用。2023年6月,该市公安机关开展集中收网行动,成功抓获犯罪嫌疑人12名,并顺线打掉下游直播培训诈骗团伙,涉案金额高达560余万元。

（二）实例分析

1. 主体权责分析

李某等人作为网络传媒公司的负责人和经营者,应严格遵守国家法律法规,不得利用公司平台进行非法活动。然而,他们不仅利用"网红"效应骗取用户购买商品并提供个人信息,还非法出售这些信息,涉嫌侵犯公民个人信息罪和诈骗罪。

诈骗团伙利用非法获取的个人信息进行精准诈骗,涉嫌诈骗罪。他们利用受害人的心理弱点,出售虚假课程,骗取高额费用,给受害人造成了经济损失。

直播平台应对其平台上的内容进行严格监管,确保用户权益不受侵害。本案中,直播平台是否对李某等人的行为进行监管,是否尽到了相应的责任,需要进一步调查。

2. 法律责任

根据《中华人民共和国刑法》相关规定,李某等人及诈骗团伙涉嫌侵犯公民个人信息罪和诈骗罪,应依法追究刑事责任。直播平台如未尽到相应的监管责任,也应承担相应的法律责任。

3. 启示与反思

本案中,李某等人及诈骗团伙的行为严重侵犯了公民的合法权益,破坏了网络秩序和社会稳定。而大学生作为网络的活跃群体,应深刻认识到保护个人信息、维护网络安全的重要性,并增强个人信息保护意识,避免在不明来源的平台或渠道泄露个人信息。

三、思考与研讨

（1）在数字化时代,个人信息泄露事件频发,请分析信息泄露对个人隐私保护和社会责任构建的影响。

（2）面对日益复杂的信息环境,大学生应该如何提升自我防范意识,有效避免个人信息泄露,并讨论在校园环境中可以采取的具体措施。

第二节　网络陷阱

一、安全知识面面观

（一）网络陷阱的常见类型

1. 网络传销

网络传销是一种新型的传销模式，这种传销活动利用网络广告形式、网络联系媒介以及网络交易手段进行，主要有以下几种形式：

（1）谎称官方背景。打着"国家帮扶""有政府部门背景"等幌子，利用"连锁经营""加盟""开发设计""项目投资"等旗号，结合调查、度假旅游、加盟代理等方法，进行传销组织活动。这类传销通常会让大学生交纳高额的"会员费"，并鼓励他们发展更多的下线以获取利润。

（2）以"电商"为载体。以"电商"为幌子，先注册一个电商公司，再创建一个电商网站，以"网上购物""互联网营销""互联网采购""营业网点加盟代理"等方式进行网络传销活动。这种传销方式通常会夸大产品或服务的性能，诱导消费者购买，并鼓励他们成为网站的会员或代理，进而发展下线。

（3）以"高利润"为卖点。宣传"完全免费盈利""升值消费""消费无需掏钱，完全免费购买商品""消费多少返多少"等口号，实际上是拉人头数哄骗大学生报名参加传销组织活动。这类传销通常会以高额的返利或奖励为诱饵，吸引消费者参与，但实际上很难实现所承诺的回报。

（4）以"创业投资"为借口。以"小本创业""互联网创业""互联网消费投资""网络投资""原始股投资""股票基金开售"为诱饵，蒙骗大学生上当受骗。这类传销通常会承诺高额的投资回报，但实际上往往存在欺诈行为，甚至可能涉及非法集资。

（5）以玩网游、网上炒股为由，发展 VIP 会员，购买游戏充值卡或炒股软件等，以销售奖励为诱饵发展下线。这类传销通常会利用大学生对游戏的热爱或暴富心理，诱导他们购买产品并发展下线。

此外,网络传销往往还伴随着其他一些特征,如组织严密、行动诡秘,通常以"找工作""合伙做生意"等为借口诱骗亲友参与;编造暴富神话,利用貌似科学合理的奖金分配制度鼓吹迅速暴富;对受害者进行洗脑,通过集中授课、交流谈心等方式灌输暴富思想;制定高额返利计划,吸引受害者轻率加入;商品通常只是道具,价格与价值严重背离,很多是难以衡量价格的化妆品、营养品等,部分甚至是"三无"商品。

需要注意的是,网络传销具有极大的危害性和风险性,不仅可能导致个人财产损失,还可能涉及违法犯罪行为。因此,大学生应提高警惕,避免参与任何形式的传销活动,同时积极举报发现的传销行为,共同维护社会经济秩序和公共安全。

2. 网购诈骗

网购诈骗的形式多种多样,以下是一些常见的网购诈骗形式:

(1)虚假购物网站或店铺诈骗。不法分子开设虚假的购物网站,以低价商品吸引消费者购买。一旦受害者下单购买商品,不法分子会声称系统故障或订单出现问题,需要重新激活。随后,不法分子通过发送虚假的激活网址,要求受害者填写购物平台的账号、银行卡号、密码及验证码等敏感信息,从而骗取消费者的钱财。

(2)低价购物诈骗。不法分子通过互联网、手机短信等渠道发布二手车、二手电脑、海关没收的物品等转让信息,价格远低于市场价。一旦受害者与其联系,不法分子会以缴纳定金、交易税手续费等方式骗取钱财。

(3)机票改签诈骗。不法分子冒充航空公司客服,以"航班取消、提供退票、改签服务"为由,诱骗受害者多次进行汇款操作,实施连环诈骗。

(4)二维码诈骗。不法分子以降价、奖励为诱饵,要求消费者扫描二维码加入会员或进行其他操作。然而,这些二维码可能附带木马病毒,盗取受害者的银行账号、密码等个人隐私信息。

(5)刷单返利诈骗。不法分子通过网络平台发布虚假刷单任务,以高额返利为诱饵,诱导消费者进行虚假交易。在完成刷单任务后,不法分子会以各种理由拒绝支付返利,甚至骗取消费者的钱财。

（6）虚假网络投资理财诈骗。不法分子冒充投资导师、金融理财顾问等身份,以发送投资成功假消息或"直播课"等方式骗取消费者信任。然后,不法分子诱导消费者将资金投入虚假的投资项目,从而骗取钱财。

（7）冒充知名企业中奖诈骗。不法分子冒充知名企业,预先印制精美的虚假中奖刮刮卡,并投递发送。随后,不法分子以需交个人所得税等各种借口,诱骗"中奖者"向指定银行账号汇款。

3. 招聘诈骗

招聘诈骗的形式多种多样,以下是一些常见的招聘诈骗形式:

（1）虚假招聘信息。一些不良分子利用互联网发布虚假的招聘信息,通过电话、短信、电子邮件等方式联系应聘者,让其提供个人信息,并诱导其交纳"保证金""培训费"等费用。一旦应聘者交了费用后,对方就会消失不见,或者说是"面试不通过",或是以"企业倒闭"等理由搪塞过去,从而骗取应聘者的钱财。

（2）虚假培训机构。一些骗子冒充正规的培训机构,打着帮助求职者提升技能、增强竞争力的幌子,吸引以大学生为主的求职者前来报名,然后通过各种手段让其交纳高额的培训费用。但是,这些虚假培训机构并未获得合法的办学许可或相关资质认证,根本无法达到所承诺的教学水平和效果,或者在收费后不提供相应的培训服务,甚至携款潜逃,损害求职者权益。

（3）非法中介骗局。这些非法中介以介绍工作为名,往往要先扣押求职者的身份证,并要求缴纳报名费、服务费、会员费等费用。一旦求职者交了钱,他们可能会消失或者提供虚假的工作机会。

（4）网络传销骗局。以"轻松赚大钱""无须面试直接上岗"等为噱头吸引求职者,要求缴纳一定"入门费",或购买一定数量的产品,通过讲课、洗脑、恐吓等方式指派各种"推销任务",再骗取其他人"入会"。

（5）境外招聘骗局。以"高薪""包机票、包食宿"等信息诱导求职者出境,前往东南亚等地。然而,一旦到达这些国家,求职者可能会被迫从事非法活动或遭受其他形式的剥削。

(6)冒充事业单位或官方机构。犯罪分子冒充事业单位报考的官方网站,设立低质量网站,发布政策,进行所谓的"预报名"、干部调配录用等诱饵,吸引不明真相的求职者上当。或是打着官方的名义,在这些山寨招考网站上打广告,推销经过简单"加工"而成的山寨版考试专业书籍,从而骗取钱财。

因此,为了避免招聘诈骗,大学生应保持警惕,通过正规渠道寻找工作机会,不轻易相信来源不明的招聘信息,不随意提供个人信息或支付任何费用。同时,可以通过查询企业信用信息公示系统等方式,核实招聘单位的真实性和合法性。

4. 游戏诈骗

游戏诈骗是一种针对游戏玩家实施的欺诈行为,旨在通过虚假承诺、欺骗手段或技术手段骗取玩家的财产或个人信息。随着网络游戏的普及和虚拟经济的蓬勃发展,游戏诈骗的形式也愈发多样化和复杂化。以下是一些常见的游戏诈骗具体表现形式:

(1)虚假交易诈骗:低价售卖高级装备或账号。不法分子以极低的价格出售看似非常珍贵的高级装备或高级账号,吸引玩家购买。这些交易往往存在风险,例如装备或账号被找回、被冻结,或者交易本身就是虚假的。

(2)冒充身份诈骗:不法分子冒充游戏客服、管理员等官方身份,以处理账号问题、赠送礼品等为由,诱导玩家提供个人信息或进行转账操作;不法分子冒充其他玩家。诈骗者通过盗取其他玩家的账号或伪装成其他玩家的亲友,以借钱、帮忙充值等理由骗取玩家的财物。

5. 恶意软件

恶意软件是指那些能够中断用户的计算机、手机、平板电脑或其他设备的正常运行或对其造成危害的软件。以下是关于恶意软件的一些常见的形式:

(1)钓鱼网站:是指那些欺骗用户的虚假网站。它们通常伪装成真实的网站界面,以欺骗消费者或窃取访问者提交的账号和密码信息。此类网站一般只有一个或几个页面,和真实网站差别细微。它们可能模仿银行、电子商务等在线金融服务的网站,以诱骗用户输入个人敏感信息,如银行账号、密码等。

(2)钓鱼邮箱:是一种通过电子邮件进行的网络欺诈行为。犯罪分子会发送包含恶意链接或附件的电子邮件,诱骗邮箱用户点击或下载,从而感染恶意软件或泄露个人信息。

(3)病毒:作为一种恶意的计算机程序,其主要传播方式是渗透并感染计算机文件。病毒的主要目标在于破坏或篡改用户存储在计算机中的重要数据,如个人文档、图片、视频以及企业数据库等,造成数据丢失或损坏,进而给用户带来不可估量的损失。

(4)蠕虫:作为一种计算机程序,具有独特的自我复制和广泛传播的能力。它们通过利用系统漏洞或用户不当操作,悄无声息地潜入计算机系统中。一旦蠕虫成功侵入,它们会迅速启动自我复制机制,在系统中产生大量的副本,这些副本会进一步传播到网络中的其他计算机上,形成蠕虫的网络扩散。

(5)木马:以盗取用户个人信息,甚至是远程控制用户计算机为主要目的,如盗号木马、网银木马等。

6. 逻辑炸弹

当计算机系统运行的过程中恰好某个条件得到满足,就触发执行并产生异常甚至灾难性后果。

7. 后门

绕过安全性控制而获取对程序或系统访问权的方法。

8. 勒索软件

以锁屏、加密用户文件为条件向用户勒索钱财。

(二)网络陷阱的风险防范

大学生在防范网络陷阱、网购诈骗、招聘诈骗以及恶意软件等方面,可以采取以下措施：

1. 树立安全意识

学习网络安全知识，增强安全意识。定期备份数据，及时更新操作系统和软件，避免使用不安全的公共无线网络等。同时，安装杀毒软件可以帮助检测和防范恶意软件、木马病毒等网络安全威胁。

2. 保护个人信息

不随意提供个人敏感信息，如身份证号码、银行账户等。在面试或应聘过程中，避免泄漏过多的个人信息。同时，也要避免将个人信息存储在互联网上，如不使用公共网吧、不下载不知名的应用程序等。

3. 警惕交费要求

谨慎对待要求缴纳报名费、培训费、押金等费用的招聘信息。在交费前，应核实相关费用的合理性和招聘单位的真实性。对于各种名义的费用要求，要保持警惕，不要轻易相信。

4. 使用安全的支付工具

在进行网购时，使用比较安全的支付工具，如 U 盾等，避免使用不安全的支付方式，如银行直接汇款等。

5. 增强风险意识

了解常见的网络诈骗手段和招聘陷阱，保持警惕，不轻易相信陌生人或未经核实的信息。在参与任何网络活动或应聘工作时，都应先了解相关的风险。

6. 仔细甄别网站和招聘信息

注意辨别网站的真伪，避免访问克隆网站或恶意网站。在应聘时，对招聘单位进行充分调查和了解，包括公司背景、信誉、口碑等。可以通过搜索引擎、社交媒体、校友等途径获取信息。

7. 多方求证信息

在遇到可疑的招聘信息或网络活动时，可以通过联系其他求职者、咨询就业指导中心、寻求学长学姐的建议等途径，获取更多信息和意见。这有助于更好地了解真实情况，避免被骗。

二、实例启智促安全

（一）实例描述

2024 年 5 月，刘某在网络社交平台上发布虚假的家教兼职信息及群聊二维码，吸引大学生陆续加入。刘某委托他人担任管理员，并由管理员与有兼职意愿的大学生进行洽谈。在大学生与刘某商定好价格并支付中介费后，刘某使用另一个微信号冒充家长与大学生对接，要求他们进行试课。然而，在试课时间确定后，刘某以各种理由推脱并失去联系。经统计，刘某共诈骗了 14 名大学生，涉案金额达 13 339 元。2024 年 7 月，刘某被公安机关抓获归案，并在案发后退赔了被害人的全部损失。2024 年 11 月，当地人民法院审结此案，判处刘某有期徒刑 6 个月，并处罚金人民币 5 000 元，该判决已生效。

（二）实例分析

1. 主体权责分析

作为诈骗行为的实施者，刘某利用大学生的单纯和社会经验不足，发布虚假兼职招聘信息，精心设置骗局，骗取他人财物。其行为严重侵犯了大学生的财产权，同时破坏了社会的诚信体系。刘某应承担相应的法律责任。

作为受害者，大学生在选择网络兼职时应保持警惕，通过正规渠道选择兼职服务机构，并仔细核查招聘信息的真实性。本案中，大学生因缺乏足够的警惕性而落入刘某的骗局，但也应认识到自身在信息甄别和风险防范方面的不足。

作为信息发布和交流的场所，网络管理平台应对用户发布的招聘信息加强审核与监管，确保信息的真实性和合法性。

2. 法律责任

根据《中华人民共和国刑法》的相关规定，刘某以非法占有为目的，虚构事实、隐瞒真相,利用信息网络骗取他人财物,数额较大,其行为已构成诈骗罪。法院根据刘某的犯罪事实、性质、情节以及社会危害程度,依法对其作出了有期徒刑和罚金的判决。同时,网络管理平台如存在监管失职的情况,也应承担相应的法律责任。大学生们也要提高警惕,选择正规渠道寻找兼职工作,避免上当受骗。

三、思考与探讨

（1）面对网络陷阱和信息泄漏风险,你认为学校和相关部门应采取哪些措施来保障学生的信息安全?

（2）信息泄露后,个人可能面临哪些法律风险和后果? 大学生应如何依法维护自己的合法权益?

第三章

新技术背景下的网络文明

在当今新技术蓬勃发展的时代,新技术广泛应用到社交媒体、移动终端等,互联网已经深入到人们生活的每一个角落。然而,新技术下的信息快速传播,可能导致不实信息的泛滥,虚假谣言迅速扩散,恶意攻击、诋毁他人等网络不文明行为,对社会秩序和公众认知造成误导和干扰。本章结合典型案例进行分析,帮助大学生全面了解在新技术背景下的网络文明,增强大学生面对网络暴力的应急处置能力,有效防范网络暴力的发生,鼓励大学生文明上网,共同营造风清气正的网络环境。

第一节　网络暴力

近年来,我国持续加快信息化服务普及,缩小信息鸿沟。据中国互联网络信息中心(CNNIC)发布的第 53 次《中国互联网络发展状况统计报告》显示,截至 2023 年 12 月,我国各类互联网用户规模持续增长,"使用互联网的个人比例"达到 90.6%。其中,网络视频(含短视频)、即时通信、网络购物、搜索引擎、网络文学、互联网医疗等互联网用户均呈现增长态势。

目前,大学生已成为互联网的重要参与者,在享受新技术发展益处的同时,也容易引发网络谣言、网络诽谤等事件。特别是近年来直播、短视频等平台崛起,大学生容易受到复杂资讯的负面影响,进而产生网络暴力行为或者遭受网络暴力,影响互联网舆论生态。因此,大学生作为新技术迅猛发展时代下的网络用户群体以及推动社会发展的主要主体,不仅要提高辨别信息真伪的能力,更要在网络与现实生活中保持理性思考,减少网络暴力现象。

一、安全知识面面观

网络暴力是指人们在网络上发表具有诽谤性、诬蔑性、侵犯名誉、损害权益和煽动性的言论、文字、图片、视频等,对他人的名誉、权益与精神造成损害的行为。网络暴力是一种危害严重、影响恶劣的暴力形式,它打破了道德底线,也伴随着侵权行为和违法犯罪行为,需要社会各方共同努力来加强治理和防范。

在新技术背景下,网络暴力的形式和影响也在不断变化。如侮辱谩骂与恶意攻击、谣言传播与诽谤、"人肉搜索"与隐私侵犯、网络欺凌与恐吓、群体极化与仇恨言论等。

(一)侮辱谩骂与恶意攻击

侮辱谩骂是指使用粗俗、污秽、诋毁性的语言对他人进行辱骂、诋毁或贬低,意图伤害他人的尊严和名誉。恶意攻击是指有预谋地、故意地对他人进行伤害性的行为或言论,包括但不限于人身攻击、诽谤、造谣等,旨在破坏他人的形象、声誉或造成其他不良影响。

二者都是极其不可取的行为,严重违背了基本的道德准则和人际交往的原则,对他人的生活、工作、学习和心理健康都会造成巨大的负面影响。

(二)谣言传播与诽谤

谣言传播是指不实信息在人群中广泛、快速地扩散。谣言通常是以毫无根据或歪曲事实的内容为基础,借助各种传播渠道迅速蔓延。诽谤是故意捏造虚假事实并加以传播,其本质是一种恶意的中伤行为,目的在于对他人的形象和声誉造成负面影响。

谣言传播和诽谤都具有极大的危害性,会给他人带来精神困扰、名誉损害以及其他不良后果,严重扰乱社会秩序和人们的正常生活。

(三)"人肉搜索"与隐私侵犯

"人肉搜索"是指通过众多网络用户的共同参与,利用各种途径和手段,对特定个体的信息进行大规模地搜集和披露,具有极强的针对性和攻击性。隐私侵犯是指未经许可,擅自获取、公开或使用他人的私人信息,包括个人身份信息、生活经历、私人关系等,从而对他人的私人生活和个人权益造成严重干扰和损害。

"人肉搜索"在很多时候会导致隐私侵犯,将个人原本不愿公开的信息暴露于众,使他人遭受巨大的精神压力和困扰,严重影响其正常生活和工作。"人肉搜索"和隐私侵犯不仅违背了道德准则,在某些情况下,也触犯了法律规定。

(四)网络欺凌与恐吓

网络欺凌是指在网络空间中,通过恶意的言语攻击、侮辱谩骂、造谣诽谤等行为,蓄意地、反复地对他人进行持续性的身心伤害。恐吓是指在网络环境中,恐吓者利用网络的便利性,向他人发送具有威胁性的话语、图片、视频等内容,包括对他人身心的伤害、对其家人朋友的威胁、对其财产的破坏,或者是其他能够引发受害者强烈恐惧和焦虑的事项。

网络欺凌与恐吓都是违背道德和法律的行为,具有极大的危害性,可能导致受害者长期处于紧张、焦虑、恐惧的状态,严重影响其身心健康和正常生活,甚至可能引发极端行为。

(五)群体极化与仇恨言论

群体极化是指在一个群体中,个体的观点趋向于极端化,导致群体内部的共识越来越强烈,而对外界的不同观点产生排斥和敌视,甚至走向网络暴力等极端。仇恨言论是一种以仇恨、歧视或攻击性的言语表达对某一群体的偏见和敌意,可以通过各种形式传播,如口头表达、书面文字、网络言论等,其目的是在社会中制造分裂和不和谐,伤害目标群体的感情和尊严,破坏社会的团结和稳定。

群体极化和仇恨言论都对社会产生着深远的影响。群体极化可能导致社会的分化和对立加剧,使得不同群体之间难以达成共识和合作。而仇恨言论则直接破坏了社会的包容和多元性,损害了人们的基本权利和尊严,阻碍了社会的进步和发展。

二、实例启智促安全

在互联网快速发展的情况下,网络暴力的影响范围越来越广、影响程度越来越大。近年来,随着互联网的普及,网络暴力现象在大学校园中偶有发生。以下是一个关于大学生网络暴力的案例。

(一)实例描述

张某是一位大三女生,与舍友李某关系不好,平日互不搭理对方。临近放假,因为琐事两人在宿舍发生了激烈的争吵,张某就此在个人社交平台上发表吐槽内容,班级同学纷纷留言。已经回家的李某得知后,认为张某是在"内涵"她,异常愤怒,很快就在网络上作出反击,不仅如此,李某的男友甚至指名道姓进行人身攻击,引起很多人网络围观。张某既愤怒又委屈,整日以泪洗面,茶饭不思,失眠,几近昏厥。

(二)实例分析

人们在日常生活中难免会发生一些不愉快的摩擦和纠纷,关键在于如何化解这些纠纷和因纠纷产生的负面情绪。在新技术快速发展的背景下,原本普通的大学生日常生活摩擦会因媒体平台的传播而产生巨大的社会效应。

上述实例是一起因女大学生宿舍日常矛盾处理不善引发网络暴力事件,涉及同学宿舍、班级人际关系相处及创伤后应激障碍等。其中,张某和李某既是网络暴力施暴方、又是受害方,两人不同程度出现了心理异常现象,李某愤怒情绪高涨,张某则出现了恐惧、社交焦虑、失眠等异常心理。张某和李某没能有效解决纠纷,反而通过网络宣泄自己负面情绪引发网络暴力事件。这个例子具有以下启示:

1. 网络暴力具有危害性

第一,网络暴力伤害身心健康,给他人带来巨大的心理创伤,甚至导致抑郁、焦虑等心理疾病,严重时可能危及生命。

第二,网络暴力破坏社会和谐,影响人与人之间的信任和关系,破坏社会的和谐稳定。

第三,网络暴力侵犯他人的名誉权、隐私权等合法权益。

第四,网络暴力误导公众,造成错误的舆论导向。

第五,网络暴力影响社会秩序,扰乱网络和现实社会的正常秩序。

2. 避免网络暴力发生的方法

第一,提升自身素养,保持理性和文明,尊重他人的观点和权利。

第二,增强法律意识,明白网络暴力的危害和后果,不参与违法违规行为。

第三,文明上网,积极传播正能量,营造和谐的网络环境。

第四,学会和提高辨别能力,掌握分辨信息真伪的能力,不盲目跟风传播。

第五,培养同理心,设身处地为他人着想,减少攻击性言论。

3. 自身遇到网络暴力的做法

第一,保持冷静和理智,不要让情绪过度左右自己的行动。立即收集和保存所有与网络暴力相关的证据,包括恶意评论、帖子截图、聊天记录等,是后续澄清和维权的重要依据。

第二,通过各种渠道进行澄清,如在相关平台发表声明,详细说明事情的真相和来龙去脉,以正视听。

第三,积极借助学校等相关部门的力量,向他们反映情况,寻求他们的支持和帮助,让他们为自己发声。

第四，必要时运用法律武器维护自己的合法权益。向专业律师寻求法律援助，了解可以采取的法律途径和措施，对恶意网络攻击者提起诉讼。

第五，注意避免与攻击者陷入无意义的争吵和纠缠，以免进一步激化矛盾。

第六，关注自身的心理健康，可以与身边信任的人分享自己的遭遇，必要时寻求心理辅导和支持。

三、思考与研讨

（1）新技术背景下的互联网时代，请谈一谈网络暴力与网络安全的关系。

（2）你认为如何对网络暴力受害者提供援助？

第二节　文明上网

在当今这个网络高度发达的时代，大学生群体与网络的联系愈发紧密。随之而来的是，大学生不文明上网的行为也逐渐凸显出来，成为大学生健康成长过程中的一个重要问题。

一、安全知识面面观

在网络环境中，大学生存在一些不文明上网行为。这些不文明上网行为不仅反映出部分大学生网络素养的缺失，也对网络秩序和社会风气产生了负面影响。

（一）浏览低俗信息

低俗信息指的是低级、庸俗、媚俗，违背公序良俗和道德规范，可能对大众尤其是大学生产生不良影响的信息内容，包含过度暴露、性暗示、恶俗调侃、低级趣味的图片、视频、文字等。例如某些直播中出现的大量不适当的言语和行为，一些不良网站上充斥的软色情内容，一些社交平台上传播的恶俗段子等。这些低俗信息会破坏网络环境，浏览这些低俗信息，会对大学生的价值观产生负面影响。

（二）传播虚假信息

虚假信息是指与客观事实不相符的信息内容，它具有故意误导性。这些信息可能在事实、数据、描述、事件经过等方面存在歪曲、编造或夸大的情况，旨在混淆视听、引起错误认知或造成不良影响。虚假信息可能出现在各种领域和媒介中，包括新闻、社交媒体、网络论坛等，大学生传播虚假信息可能会对学生、学校、社会或公共事务产生误导和危害。

（三）炒作信息

炒作信息是对事实的歪曲和夸大，这种行为严重干扰了正常的信息传播秩序，误导公众，引发不必要的混乱和争议。例如，有些大学生在看到一些未经证实的消息时，不加以辨别和思考，就盲目地进行转发和传播，从而导致谣言的迅速扩散。这不仅会造成社会的恐慌和混乱，也对网络信息环境造成了极大的污染。

（四）过度上网

过度上网是指大学生在上网这件事上投入了超出合理范围的时间和精力。例如，一些大学生在网络上长时间玩游戏、无节制地浏览娱乐内容等。这不仅影响了大学生的学习和生活，也对大学生的身心健康造成了潜在的威胁。

二、实例启智促安全

（一）实例描述

某大学生因在学校传播不良视频，被学校处以留校察看处分，但之后仍然不见收敛，最终遭到退学处理。这种行为不仅违反了网络道德规范，也可能触犯法律法规。

(二)实例分析

网络虽然是一个虚拟的空间,但大学生的言行同样会产生现实的影响。大学生只有从自身做起,做到文明上网,才能营造一个健康、和谐、文明的网络环境。

(1)善于利用网络学习,把网络作为学习工具来使用。网络上的内容是非常丰富多彩的,很多日常工作学习中需要的知识性的内容都可以找到,要善于充分利用网络。

(2)增强自我保护意识。在网上与人交往时,网友的信息不一定真实,因此不要轻易泄露信息给网友,以免上当受骗。

(3)不浏览网上不良信息。在浏览网页时一定要注意不去浏览一些负面新闻或者色情、暴力网站,自觉抵制不良内容。

(4)不在网上侮辱他人。通过网络跟他人沟通的时候,一定要文明礼貌地交流,不要在网上辱骂、诽谤别人。

(5)不沉溺于网络游戏。沉溺于游戏会消耗大学生的宝贵时间,影响大学生的学习、生活以及和家人朋友的感情交流。

(6)不参与网络敏感话题。大学生应严格遵守国家法律法规,注意把握话题的严肃性和政治性,对于一些敏感的或者反动的话题,要及时制止,不参与,不散播。

三、思考与研讨

(1)你是否会在未经他人允许的情况下转发他人的照片或信息?

(2)如果在网络上遇到谩骂、恐吓等现象,应该怎么做?

(3)如果发现不良网站或看到网络低俗信息时,应该怎么做?

(4)如果在网络上看到一个不太了解的事情时,应该怎么做?

(5)当你和网友的观点不同并在网络上冲突时,你会怎么做?

附录：宪法、法律法规和规范性文件

一、宪法、法律法规

1.《中华人民共和国宪法》

2.《中华人民共和国民法典》

3.《中华人民共和国刑法》

4.《中华人民共和国教育法》

5.《中华人民共和国高等教育法》

6.《中华人民共和国国家安全法》

7.《中华人民共和国保守国家秘密法》

8.《中华人民共和国反间谍法》

9.《中华人民共和国国家情报法》

10.《中华人民共和国网络安全法》

11.《中华人民共和国数据安全法》

12.《中华人民共和国个人信息保护法》

13.《中华人民共和国生物安全法》

14.《中华人民共和国粮食安全保障法》

15.《中华人民共和国反外国制裁法》

16.《中华人民共和国突发事件应对法》

17.《中华人民共和国公务员法》

18.《中华人民共和国未成年人保护法》

19.《中华人民共和国道路交通安全法》

20.《中华人民共和国海上交通安全法》

21.《中华人民共和国民用航空法》

22.《中华人民共和国行政许可法》

23.《中华人民共和国行政处罚法》

24.《中华人民共和国行政强制法》

25.《中华人民共和国行政复议法》

26.《中华人民共和国国家赔偿法》

27.《中华人民共和国旅游法》

28.《中华人民共和国体育法》

29.《中华人民共和国消费者权益保护法》

30.《中华人民共和国安全生产法》

31.《中华人民共和国劳动法》

32.《中华人民共和国劳动合同法》

33.《中华人民共和国就业促进法》

34.《中华人民共和国劳动争议调解仲裁法》

35.《中华人民共和国产品质量法》

36.《中华人民共和国食品安全法》

37.《中华人民共和国治安管理处罚法》

38.《中华人民共和国银行业监督管理法》

39.《中华人民共和国电子商务法》

40.《中华人民共和国广告法》

41.《中华人民共和国反不正当竞争法》

42.《中华人民共和国保险法》

43.《中华人民共和国消防法》

44.《中华人民共和国环境保护法》

45.《中华人民共和国精神卫生法》

46.《中华人民共和国境外非政府组织境内活动管理法》

47.《气象灾害防御条例》

48.《大型群众性活动安全管理条例》

49.《中华人民共和国道路交通安全法实施条例》

50.《生产安全事故报告和调查处理条例》

51.《旅行社条例》

52.《社会保险费征缴暂行条例》

53.《失业保险条例》

54.《职工带薪年休假条例》

55.《住房公积金管理条例》

56.《中华人民共和国食品安全法实施条例》

57.《中华人民共和国电信条例》

58.《中华人民共和国监控化学品管理条例》

59.《危险化学品安全管理条例》

60.《上海市消防条例》

61.《上海市精神卫生条例》

二、规范性文件

1.《教育部关于加强大中小学国家安全教育的实施意见》

2.《大中小学国家安全教育指导纲要》

3.《关于培育和践行社会主义核心价值观的意见》

4.《中华人民共和国计算机信息网络国际联网管理暂行规定》

5.《涉外气象探测和资料管理办法》

6.《国家突发公共事件总体应急预案》

7.《学生伤害事故处理办法》

8.《普通高等学校学生管理规定》

9.《普通高等学校学生安全教育及管理暂行规定》

10.《上海市外滩风景区综合管理暂行规定》

11.《上海市电梯安全管理办法》

12.《上海市实施〈中华人民共和国突发事件应对法〉办法》

13.《国务院关于特大安全事故行政责任追究的规定》

14.《道路交通安全违法行为记分管理办法》

15.《交通运输行政复议规定》

16.《交通运输行政执法程序规定》

17.《交通行政许可实施程序规定》

18.《交通行政许可监督检查及责任追究规定》

19.《交通运输部关于严格规范公正文明执法的意见》

20.《机动车驾驶证申领和使用规定》

21.《电动自行车安全技术规范》

22.《国家旅游局、国家体育总局关于大力发展体育旅游的指导意见》

23.《旅游安全管理办法》

24.《旅行社条例实施细则(2016 年修订)》

25.《旅行社服务质量赔偿标准》

26.《明码标价和禁止价格欺诈规定》

27.《价格违法行为行政处罚规定》

28.《食品添加剂卫生管理办法》

29.《国家食品安全事故应急预案》

30.《食品安全标准管理办法》

31.《食品安全国家标准 食品添加剂使用标准》(GB 2760—2024)

32.《食品安全国家标准 食品中农药最大残留限量》(GB 2763—2021)

33.《食品安全国家标准 食品中 41 种兽药最大残留限量》(GB 31650.1—2022)

34.《食品标识管理规定》

35.《食品召回管理办法》

36.《食品安全信息公布管理办法》

37.《中国人民银行金融消费者权益保护实施办法》

38.《高等学校消防安全管理规定》

39.《机关、团体、企业、事业单位消防安全管理规定》

40.《安全生产责任保险实施办法》

41.《高等学校实验室安全分级分类管理办法(试行)》

42.《普通高等学校辅导员队伍建设规定》

43.《关于依法惩治网络暴力违法犯罪的指导意见》

44.《最高人民法院、最高人民检察院关于办理利用信息网络实施诽谤等刑事案件适用法律若干问题的解释》

45.《最高人民法院、国家旅游局关于进一步发挥审判职能作用促进旅游

业健康发展的通知》

46.《最高人民法院关于审理旅游纠纷案件适用法律若干问题的规定》

47.《最高人民法院关于审理人身损害赔偿案件适用法律若干问题的解释》

48.《网络暴力信息治理规定》

主要参考文献

1. 宋卓尧,等. 新时代大学生安全教育[M].北京:清华大学出版社,2024.

2. 李英霞,李玉侠. 新时代大学生安全教育教程(第二版)[M].北京:中国人民大学出版社,2023.

3. 范晓莹,等. 大学生安全教育[M].北京:清华大学出版社,2023.

4. 靳高风,张广宇. 大学生安全教育(慕课版)[M].北京:人民邮电出版社,2023.

5. 张兵,余新智. 安全教育教程(微课版)[M].北京:人民邮电出版社,2023.

6. 韩娟. 大学生安全教育[M].西安:西安电子科技大学出版社,2021.

7. 叶青. 国家安全法学[M].北京:北京大学出版社,2023.

8. 李翔. 推进国家安全体系与能力建设研究[M].北京:北京大学出版社,2024.

9. 阙天舒. 全球安全治理:热点议题与中国视角[M].北京:北京大学出版社,2023.

10. 党东升. 经济安全法治概论[M].北京:北京大学出版社,2022.

11. 解廷民.大学生就业求职法律指导[M].北京:中国政法大学出版社,2014.

12. 王丽娟.中国大学生就业权益的法律保护[M].南京:南京大学出版社,2011.

13. 刘晓宇,全莉娟.大学生心理健康教育[M].北京:人民邮电出版社,2021.

14. 陈福国.实用认知心理治疗学[M].上海:上海人民出版社,2017.

15. 陈美松,等.大学生心理健康教育教程[M].合肥:中国科学技术大学出版社,2007.

16. [美]Richard K. James,Burl E. Gilliland.危机干预策略(第七版)[M].肖水源,周亮等译校.北京:中国轻工业出版社,2017.

17. 岳静,陈跃.马克思主义中国化语境下"统筹发展与安全"的演进逻辑与时代意涵[J].学术探索,2023(02):39—45.

18. 张琳,赵佳伟.中国共产党国家安全观的百年演进与现实启示[J].学习与探索,2021(12):1-10,188.

19. 何丽.总体国家安全观的"总体"特征探析[J].东岳论丛,2024(05):141—147.

20. 李大光.总体国家安全观的哲学智慧探析[J].人民论坛·学术前沿,2024(11):94—102.

21. 和晓强.建国以来"国家安全观"的历史演进特征分析[J].情报杂志,2020(02):44—49,34.

22. 黄力之.守正创新:文化传承理论在新时代的发展[J].华东师范大学学报(哲学社会科学版),2024(03):1—10.

23. 张北坪.新时代中国特色社会主义文化传播的价值逻辑与战略路径[J].马克思主义研究,2024(01):74—86,164.

24. 常轶军.增进文化认同:铸牢中华民族共同体意识的有效路径[J].探索,2024(03):14—23.

25. 钟启东.社会主义核心价值体系的意识形态力量[J].北京航空航天大学学报(社会科学版),2021(05):7—13.

26. 冯明昱.从救济到防控:数据泄露通知制度的理论逻辑与本土建构[J].科技与法律(中英文),2024(04):51—59.